KB057205

다시, 마르크스를 읽는다

READING MARX

다시, 마르크스를 읽는다

슬라보예 지젝, 프랑크 루다, 아곤 함자 지음
최진석 옮김

문학세계사

다시, 마르크스를 읽는다

초판 1쇄 발행 2019년 12월 5일
초판 2쇄 발행 2022년 3월 7일

지은이 슬라보예 지젝, 프랑크 루다, 아곤 함자
옮긴이 최진석
펴낸이 김종해

펴낸곳 문학세계사
주소 서울시 마포구 신수로 59-1, 2층
전화 02-702-1800
팩스 02-702-0084
이메일 mail@msp21.co.kr
홈페이지 www.msp21.co.kr
페이스북 www.facebook.com/munsebooks
출판등록 제21-108호.(1979. 5. 16)

값 16,000원
ISBN 978-89-7075-934-0 03330

차 례

알려지지 않은 마르크스와 (다시) 만나기 위해

재미삼아 사상사를 돌아보자면, 이른바 '개' 취급을 당했던
세 명의 철학자를 찾아볼 수 있다. 첫 번째는 동아시아 고대
의 철인 공자이다. 그가 천하를 주유하며 자신의 학설을 정
치 현실에 적용하고자 노심초사했다는 사실은 잘 알려져 있
다. 하지만 약육강식의 난세에 어울리지 않는 이상주의를 추
구했기에 각국의 통치자들에게 받아들여지지 못했고, 결국
상가집을 돌아다니는 개마냥 조롱받으며 생을 마쳤다는 이
야기가 그것이다. 두 번째는 헤겔이다. 1807년 첫 번째 주저
『정신현상학』*Phänomenologie des Geistes, 1807*을 쓸 때까지 무
명의 독학자 신세를 면치 못하던 그는 곧 19세기 전반을 주
름잡는 '대사상가'로 군림하며 근대 사상사의 중심에 서게 된
다. 베를린대학교 재직 당시 '철학자'der Philosoph라면 바로
헤겔을 가리킬 정도였다니, 그 위명을 가히 짐작할 만하다.

그러나 1831년 갑작스럽게 사망한 후 높디높던 명성은 급전 직하하고 말았으니, 포이어바흐Ludwig Feuerbach나 마르크스 등 청년 헤겔주의자들에 의해 '관념론자'로 맹렬한 비판을 당한 채 웃음거리로 전락한 것이다. 19세기 사상사를 진동시키던 관념론(헤겔) 대 유물론(마르크스)의 대결은, 1917년 러시아 혁명을 통해 마침내 후자의 승리로 결론지어졌고, 마르크스는 공산주의 사상의 창안자로 추앙받았다. 하지만 운명의 아이러니랄까, 1991년 소비에트연방의 해체와 더불어 마르크스 역시 졸지에 '죽은 개' 신세를 면치 못하게 되었다. 현실 사회주의 붕괴의 책임을 온전히 그에게만 지우는 것은 부당한 노릇이겠지만, 변혁의 실천을 도모하기 위해 그의 이름을 내거는 것은 더 이상 그 자체로 충분조건이 되지 못하는 실정이다. 사상사의 거장들이 곤두박질쳐진 이 시대에 그들을 다시 읽는다는 것은 어떤 의미일까?

어떠한 사상이든 그것이 갖는 보편적 당위는 어디까지나 당위로서의 보편성에 머물 것이기에, 그것을 발판 삼아 또다시 해묵은 구호들을 뒤적거리는 것은 어리석은 짓일 게다. 근 두 세기 전에 마르크스가 내세웠던 인간과 노동의 해방이라는 기치가 지금 우리에게 호소력을 갖지 못하는 이유는, 다른 무엇보다도 인간과 노동에 대한 우리의 관념과 태도,

그 조건이 바뀌었기 때문이다. 인간의 땀과 눈물을 믿고 노동의 진정한 가치와 의미를 믿었던 시대로부터 우리는 너무 멀리 와 버렸다. 인공지능의 비인간성이 인간의 정신을 넘어서고 기계적 노동가치가 인간의 육체를 대신해 버리는 탈근대의 지리학이 우리 앞에 당도한 것이다. 인간과 비인간의 대비를 통해 인간성의 함의와 사명을 캐묻던 인간학적 문답은 이제 무용해져 버렸다. 그 대신 대상들 그 자체의 존재론적 현실성이 직접적으로 제기되고 있으며(객체 지향적 존재론), 인간을 축소시키고 포괄하는 사물 세계의 상호관계가 현실을 직조하는 근본 원리로서 호출되는 형편이다(신유물론). 지젝은 여기에 생성적 배치를 통해 자연과 인간, 세계의 (재)구성을 사유하는 들뢰즈주의를 덧붙이는 바, 이 모두는 근대적 인간학에 발판을 둔 마르크스주의와 직접 대립하거나 그것을 초월하는 사상적 '뉴 에이지'라는 것이다. 지젝과 논전을 벌이기엔 지금 이 지면이 너무 짧다('옮긴이의 말'이라 얼마나 다행인지!). 대신, 그가 자신의 사유를 통해 논점으로 끌어올리고 있는 것이 무엇인지만 확인해 두도록 하자.

1990년을 전후해 세계 철학계에 화려하게 데뷔한 지젝은 초기부터 라캉과 마르크스를 접목하는 작업에 열을 올려왔다. 정신분석과 마르크스주의가 이 결합의 외적 표지인 바,

요점은 이것이 두 이론의 명목적 주의주장을 되풀이하는 방식으로 이루어지지 않았다는 데 있다. 어떤 의미에서는 대립적으로까지 보이는 정신분석과 마르크스주의를 매개하기 위해 지젝이 선택한 거멀못은 헤겔이었다. 매개하되 곧 지우는 방식으로. 예컨대 『이데올로기의 숭고한 대상』*The Sublime Object of Ideology, 1989*의 첫 장은 프로이트의 꿈 분석과 마르크스의 화폐 형태 분석을 평행적으로 대비시키면서 양자가 얼마나 서로 유사한 작업을 벌였는지를 논증하는 데 바쳐졌다. 꿈은 왜 그 이미지대로 해석되지 않는가? 화폐가 물신物神, fetish임을 알면서도 우리는 왜 화폐에 기만당하는가? 알지만 속을 수밖에 없는 것, 또는 안다고 믿지만 실제로는 모르는 것, 여기에 무의식이 있다. 그리고 무의식은 바로 그러한 오인을 통해 비로소 우리를 우리로 만든다. 명징하고 또렷한 자아, 상징적 관계망으로 충실히 뒤덮여 있는 사회 체계, 이 모두는 하나의 허상일지 모른다. 그러나 바로 이 허상을 통해서만 자아는 자신을 인식하고 사회 구조 속에서 자기의 자리를 찾는다. 한갓된 실체로부터 주체가 되는 순간이 바로 여기 있는 바, 헤겔이 『정신현상학』의 목표로 내세웠던 인식의 목표가 그것이다. 이렇듯 마르크스주의와 정신분석을 결합하기 위해서는 양자 중의 어느 한 편을 선택적으로 옹호하거나 혹은 중간 지점에서 애매하게 절충하는 것이 아니라, 보이지 않는 제3항의 삽입, 절합의 매체를 끼워 넣어야 한다. 지젝의 표현을 빌린다면, 헤겔은 여기서 '사라지는 매개자'로 작동한 셈이다.

관건은 주체가 구성된다는 것, 그 구성의 과정이다. 이는 주체 자신의 온전한 자력에 의한 것도 외적인 타력에 의거한 것만도 아니며, 주체와 외부, 그리고 (기입되었다가 지워지는) 제3항의 개입에 의해 발생하는 사건이다. 물론 우리는 이론적으로 어떤 사물이, 그 자체의 대상이 먼저 존재했으리라 가정할 수 있다. 인간이 나타나 세계를 인식하기 이전에 이미 이 세계는, 지구와 우주는 존재했을 것이다. 그러나 거기에 주체는 없었다. 당연하게도, 이 주체는 대상에 대한 인식과 행동의 우월성을 담보하는 근대적 코기토cogito를 가리키지 않는다. 그와 반대로 주체는 온갖 오해와 오인 속에서 자신을 인지하고, 자아라는 정체성의 망상으로부터 끝내 벗어날 수 없는 불완전한 실존의 거점일 따름이다. 다만 오인과 오해 그리고 정체성이라는 개념이 암시하듯, 일종의 타협적 형성물로서 주체는 그를 둘러싼 자연과 사회의 의미론적 연관을 이끌어 내는 매개물이란 점을 고려해야 한다. 세계 구성의 매체로서 이 같은 주체의 이미지는 데카르트의 코기

토와는 정반대되는 입지점에 놓여 있다. 주체는 선험적으로 주체인 것이 아니라 언제나 특정한 관계와 조건 속에서만 그 주체인 것이다. 이러한 주체 없이 세계에 관해 언급하는 것은 어불성설이다. 주체가 세계 구성의 핵심이기 때문이 아니라, 세계를 규정짓기 위해서는 주체라는 경유지가 필요하기 때문이다. 이런 의미에서 무수한 대상들로만 이루어진 세계, 또는 주체성이 거의 소거된 대상적 관계들의 세계는 일종의 환상이라는 게 지젝의 입장이다. 그것은 물리적으로 가능한 세계일 수는 있어도, 그 세계를 관찰하고 기술하기 위해서는 언제나 특정한 위치(주체)를 전제하지 않을 수 없다. 진정한 유물론은 대상이나 물질적 세계를 (있는 그대로 존재한다고) 특권화하는 게 아니라 그것과의 관계 속에서 주체가 어떤 식으로 구성되는지, 주체를 통해 그 세계가 어떻게 현상하는지를 인식하고 개입할 때 성립한다.

아마도 프랑크 루다와 아곤 함자의 논의는, 그들의 독자적인 입장을 십분 고려해야 함에도 불구하고, 이 같은 지젝의 기획의 연장선에 놓인 듯하다. 철학사뿐만 아니라 인류사의 오랜 몽상으로서 동굴 우화는 단지 비유적인 흥미를 떠나, 수인囚人의 존재론적 지위와 행위 가능성의 의미를 묻는다는 점에서 각별한 의미를 갖는다. 플라톤의 우화 속에서는

수동적 죄수에 불과했던 수인은 루다의 글에서 주체성의 근
거를 찾게 되는데, 정신분석에서 분석자의 위치가 바로 그것
이다. 알다시피 '환자'는 대개 의사의 일방적 치료 대상을 지
시한다. 그러나 정신분석은 이러한 환자 개념을 대신해 분
석가를 통해 자신의 환상을 가로지르는 주체로서 그를 자리
매김시키고, '분석 주체'analysand라는 이름을 부여한다. 그렇
게 본다면 동굴 우화는 허상의 이미지에 갇힌 불쌍한 수인의
이야기가 아니라 그가 어떤 식으로 주체가 되며, 이는 다시
어떤 환상을 내포하는지를 보여 주는 무의식적 주체화에 관
한 드라마인 셈이다. 이 같은 논법은 세 번째 논문의 저자인
아곤 함자에게도 분명히 드러난다. 근대철학으로서의 마르
크스주의는 그간 지나치게 과잉의 의미를 노동에 부여해 왔
다. 가령 주인과 노예의 변증법으로 알려진 인간과 노동 해
방의 역정은 노동자를 너무나 손쉽게 역사와 행위의 주체로
간주함으로써 노동이 갖는 '사라지는 매개자'의 지위에 눈감
아 버렸던 것이다. 이로부터 생겨나는 딜레마는 주인(부르주
아지)을 극복한 노예(프롤레타리아트)는 다시금 자신의 노예(부
르주아지?)에 의해 극복될 운명을 맞지 않겠느냐는 것이다. 돌
고 도는 역사의 순환 속에 누가 과연 진정한 주체의 자리에
올라설 수 있을까? 노동이 주체를 만드는 동인이라면 주체

란 어떤 내용적인 것이라기보다 위치에 관한 형식의 산물이 아닐까? 그렇다면 노동하는 주체의 이미지란 실체적인 것이 아니라 주인과 노예의 변증법이 빚어 낸 부정성을 역투사한 형상에 지나지 않는 게 아닐까? 이 순환 논법을 벗어나기 위해서는 누가 주체인지를 따지기보다, 그들을 움직이게 만드는 동력으로서의 행위, 곧 노동이란 무엇이며 변증법적 운동이란 어떤 의미론적 개입인지 묻고 답하는 게 필요하다. 함자의 기획은 후기 자본주의적 지형에서 이 변증법이 갖는 함축과 변혁의 가능성을 타진하려는 시도이다.

지금─여기서 마르크스를 읽는 것은 그의 원작을 '있는 그대로' 따라가는 것도 아니요, '자기 마음대로' 해석하는 것도 아니다. 그 어느 때보다 자본주의의 성가聲價가 드높아지는 우리 시대에 마르크스를 읽기 위해서는, 급한 걸음을 멈추고 조심스럽게 한 걸음씩 땅을 짚어 가며 전진하는 방법을 익혀야 한다. 저자들도 지적하듯, 마르크스의 비판자들을 마르크스적 방식으로 재독해하는 것도 좋은 방법일 듯하다. 하지만 여기엔 조건이 있다. 전통적인 마르크스주의, 곧 교조적으로 규정된 마르크스의 사상을 강변하는 방식으로 이러한 재독해가 이루어져서는 곤란할 것이다. 차라리 우리는 마르크스조차 알지 못했던 마르크스, 마르크스의 무의식을 탐문하는 방식으로 마르크스의 사유를 재구성하고, 이에 따라 그의 비판자들과 대결해야 한다. 오직 그것만이 '모든 것이 대기 중에 녹아 버리는' 이 시대에 마르크스를 다시 읽는 역동성을 우리에게 부여해 줄 것이다. 알려지지 않았던 마르크스와 뜻밖의 재회를 맞이하기 위해, "우리가 할 일을 하도록 하자. 마르크스를 읽는 것이 바로 그것이다."

마르크스 탄생 200주년을 맞는 2018년 가을께 출판하기로 약속하고 번역을 시작했으나, 여러 가지 사정이 겹쳐 결국 한 해를 더 보내고 말았다. 애초에 석달 만에 완역을 하겠다고 호기를 부렸던 것도 문제지만, 저자들의 깊은 사유를 뒤좇는데 예상보다 더 많은 시간을 보내야 했다. 공들인 만큼 빛을 발하면 좋겠지만, 혹여 오역이나 오해가 있을까 봐 간좀임을 하는 것은 어쩔 수 없는 일인가 보다. 누구든 잘 읽고 질정해 줘서 더 나은 공부길로 나갈 수 있길 바랄 뿐이다. 부실하기 이를 데 없던 초고를 읽고 논평해 준 친구들에게 마음 깊이 고마움을 전하고 싶다. 또, 한없이 늦어지는 원고를 기다려 주고 한 권의 책으로 완성해 주신 문학세계사에 미안함과 감사를 함께 드린다. 여기 인용된 다른 책들의 한국어 번역자들에게도 충분한 사의를 표해야 할 듯한데, 그들이 없었다면 헤겔과 마르크스의 난해한 문장들에 갇혀 아직도 빠져 나오지 못했을 게 분명하기 때문이다. 타자들에게 빚지고 살아가고 있음을 새삼 깨닫는 시간이었다.

이해의 편의를 돕기 위해 가급적 의역하는 편을 택했다. 원문 자체가 독자들을 위한 친절함을 발휘하기보다 저자들의 창조적 직관과 논리적 돌파력을 보여 주는 것이었기에, 그대로 직역하기에는 무리가 있던 탓이다. 간간이 대괄호와 역주를 통해 흐름을 보충했으나, 아직 부족함이 있을 듯하다. 힘이 닿는 만큼 더 고치고 또 고치고 싶은 마음이야 간절하지만 일단 후일을 기약하며 여기서 이 책을, 그리고 나 자신을 놓아 주어야겠다. 지금은 캄캄하지만 금세 동이 틀 것이다.

최 진 석

첫 번째 장 「마르크스가 객체 지향적 존재론을 읽다」는
슬라보예 지젝에 의해,
두 번째 장 「동굴 속의 마르크스」는 프랑크 루다가,
세 번째 장 「부정성의 각인을 남기기: 헤겔이 마르크스를 읽다」는
아곤 함자가 썼다.
서론과 결론은 세 사람의 공동 작업이다.

///
서론

뜻밖의 재회

이 책은 세 명의 철학자가 집필했다. 책의 목표는 마르크스를 읽는 상이한 (그리고 아직 탐구되지 않은) 방법들을 찾아내는 데 있다. 『자본』이 유일한 것은 아니지만, 그중 가장 주요한 원천이라 할 만한 마르크스의 노작에 바쳐진 이 집합적 프로젝트는 우리 자신이 놓여 있는 특수한 철학적·정치적 정세 가운데 자리잡고 있다. 완전히 독특하다고는 말 못해도, 이는 실제로 대단히 특수한 상황이다. 그 독특성뿐만 아니라 특수성을 보여 주기 위해서라도 우리는 마르크스주의와 공산주의의 상당히 "짧은 역사"를 슬쩍이나마 돌아보아야 한다. 예컨대 민주주의의 승리에 찬 역사와 비교해 보더라도 마르크스주의의 역사는 매우 "짧다." 하지만 고대 그리스에서 여성과 노예가 배제되었던 것에서 알 수 있듯 민주주의는 초기부터 결함 많은 정치적 형태였고, 그 현실성을 갖추기까지는 우리가 기억하는 것보다 더 많은 세월을 필요로 했다. 만약 우리가 과거의 역사적 상황들 및 그 상황 속에서 "마르크스주의" 혹은 "공산주의"를 돌아본다면, 우리의 현재와 비교해 볼 만한 모종의 유사성을 찾아낼 수도 있을 법하다. 과거의 역사적 정황 속에서 (혁명이나) 해방에 관해 구상해 보았던 것은 오늘날만큼이나 그때도 불가능해 보였던 까닭이다(불가능성에 정도가 있다면 오늘날은 더욱 불가능해 보일 수도 있지만).

마르크스주의의 역사에 대한 마르크스주의적 전망으로부터 볼 때, (가령 해방의) 그 같은 불가능성은 엄격히 존재론적이라기보다 언제나 역사적으로 결정되는 것이기에 특수한 것이다. 어떤 정치 체계의 전면적인 전환에 대해 구상하기가 불가능하다는 것은 단지 개념적 차원의 문제가 아니다. 차라리 그것은 구체적인 역사적 상황에 따라 결정되는 문제다. 즉 불가능성의 몇몇 지점들이 놓인 특수한 분절에 달려 있는 것이다. 마르크스주의의 역사에 대한 마르크스주의적 전망에서 볼 때 양식의 범주들은 역사적 측면을 갖는다. 하지만 이것만이 우리가 배울 수 있는 전부는 아니다. 우리는 "마르크스주의"나 "공산주의"의 이름 아래 결집한 실천들이 종종 역사적으로 특수화된 불가능성을 (해방의) 새로운 가능성으로 전환시킨다는 점 또한 배우곤 한다. 양식의 전환은 또한 언제나 마르크스주의 그 자체와 그것의 중심적 전제들, 그리고 공리들에 대한 모종의 자기 긍정, 곧 "자기주장"Selbstbehauptung을 함축하고 있다. 예컨대 사회를 현재와는 다르게 조직할 수 있으리란 주장에 관해 생각해 보자. 그러한 사회는 우선 건설되어야만 한다. 러시아에서 변혁의 출발점으로 인용되었던 파리 코뮌이 [혁명의] 역사적 준거로 발견된 것은 오직 변혁이 일어나고 나서의 일이다.

후일 마르크스주의자가 아닌 다른 많은 이들은 마르크스주의의 역사에서 우리가 반드시 다음과 같은 것을 배워야 한다고 주장하곤 했다. 이전에는 불가능해 보였던 것을 새로운 가능성으로 전환하는 일은 형언할 수조차 없는 불의를 포함하기에 수백만 명이 고통을 겪게 되고, 폭력을 감내해야 할 뿐만 아니라 새로운 구조적 불가능성을 낳거나 다만 이전의 불가능성을 대체하는 새로운 불가능성을 만들 뿐이라는 것이다. 이 같은 관점에서 볼 때 실천적 전환처럼 보이는 것은 건드려서는 안 되는 또 다른 불가능성을 정확히 드러낼 뿐이며, 그것에 손을 댄다면 재앙만이 남을 따름이란 주장이 그것이다.

그렇다면 오늘날 우리는 어디에 있는가? 이러한 역사적 입지에서 우리의 입장은 무엇인가?

첫째, 2017년은 마르크스의 『자본』 제1권이 출판된 지 150년이 되는 해이다. 이 역사적 사실 자체는 마르크스의 사유가 갖는 역사적이고 이데올로기적이며, 인식론적인 동시에 정치적이고 잠재적인 타당성과 유효성 등에 관한 일련의 질문들을 제기한다. 그 질문들은 우리의 현재적 상황 및 그것이 유래하는 역사의 좌표에 따라 결정될 뿐만 아니라 거꾸로 우리의 상황과 역사적 좌표를 결정하기도 한다. 이것이 직간접적으로 이 책의 주제를 이루고 있다. 그래서 당신이 지금 읽으려는 이 책은 마르크스에 대한 무조건적인 찬양이거나 방어가 아니다. 또한, 헤겔의 철학을 현대적으로 유효한 부분과 유효하지 않은 부분으로 분리하려 했던 베네데토 크로체Benedetto Croce의 악명 높은 시도처럼, 이 책은 마르크스의 사상에서 죽은 것과 살아 있는 것을 절개해 내려는 시도도 아니다. 차라리 당신이 기대할 만한 것은 마르크스를 자신과 동시대인으로 여기며 그와 함께 읽고 사유하려는 시도라 할 수 있다.

둘째, 이 책의 저자들이 공통적으로 믿고 있는 것은, 현재의 철학적이고 정치적 정세에서조차 아직 결정되지 않은 개념에 대한 요구가 있다는 사실이다. 마르크스에 대한 요구가 그것이다. 초기 헤겔의 유명한 정식인 "철학에 대한 요구"를 다시 써 보자면, 그러한 요구는 우리를 마르크스의 저작으로 되돌아가게끔 강제하고 있다. 이 역사적 시점에서 그 같은 귀환은 철학의 본성에 가까운 것이다. 그리고 철학에 대한 요구는 직접적으로 마르크스에 대한 요구와 연결되어 있는 것이다. 왜 그런가? 현재의 역사적 상황에서 우리는 해방의 실천적 주도권 및 가능성의 점진적인 봉쇄를 관찰할 수 있기 때문이다. 도처에서 과거의 지배 형태로 노골적인 퇴행이 나타나며, 역사에 의해 오래전에 무효화된 정치 권력이 복수의 칼을 갈고 되돌아오는 것이 목격되는 상황이다. 또 정치의 새로운 권위주의적 양상이 부흥하고 있음을 상기해 보자. 거기엔 "포퓰리스트" 민족주의 운동과 정당뿐만 아니라 착취와 가치생산의 더욱 권위주의적인 형태들, 곧 (아시아와는 아무런 관련도 없는) 아시아적 가치의 악명 높은 자본주의도 포함된다. 이는 후쿠야마Francis Fukuyama가 역사의 종말이라 가정했던 것, 말 그대로 민주주의와 자본주의의 연결고리를 해체시키는 것처럼 보인다. 또한 노예제처럼 역사적으로 폐기된 착취의 낡은 형태들이 재등장하는 사태에 관해서도 생각해 보아야 한다. 만일 오늘날 마르크스에 대한 요구가 마르크스주의의 역사에 의해 결정된 정세 속에 위치해 있다면,

마르크스의 사유가 겪어 온 특별한 운명을 염두에 두지 않고
는 그에 관해 적합하게 파악할 수 없을 것이다.

한편으로, 마르크스는 여러 번에 걸쳐 사망 선고를 받았
다. 때때로 그는 마르크스주의의 역사가 불러일으킨 모든 희
생에 대한 ― 유일한 단 한 사람은 아닐지라도 ― 궁극적인
책임자 중의 한 명으로서 고발되고 매장되어 왔다. 다른 한
편으로는 1917년에 이미 레닌이 진단했듯이 "모든 사회-배
외주의자들social-chauvinists은" ― 해방자를 자처하는 모든 반
동들에게 레닌의 이름이 전도된 것처럼 ― "지금 현재 "마르
크스주의자"이다(독자 여러분, 웃지 마시라!)"[1] 즉 "마르크스"
라는 이름은 한때 그것에 연결되어 있던 급진성을 중단시키
기 위한 작전의 목표물이 되었다. 레닌은 이에 관해 다음과
같이 서술한 바 있다.

> [위대한 혁명가들은] 그들이 죽은 이후에는 천진스러운
> 우상으로 변질되어 신성시되고, 그들의 명성은 어느 정도
> 피억압 계급을 회유하는 데 쓰이는 "위안"의 후광으로 둘

---

1. V.I. Lenin, *The State and Revolution* (Chicago: Haymarket Books, 2014), p.
41.[『국가와 혁명』, 김영철 옮김, 논장, 1988, 16쪽.] 급변하는 정세 속에서 반동
가들이 혁명을 저지하기 위해 혁명가를 자처하던 상황을 비꼬는 말이다. ― 옮
긴이 주.

러싸여지거나 후세를 기만하는 수단으로 숭배되는 등 결국에는 음모의 대상이 되어 버린다. 동시에 그들의 혁명 이론은 그 실체를 박탈당하고 속류화되며, 혁명 이론이 지니는 무기로서의 예리함은 무디어지고 만다.[2]

혁명적 예봉을 제거당한 채 마르크스는 정전正典이 되었고, 신성한 이름으로 존숭되었다. 성스러운 것은 항상 세속적인 것의 반대편에 놓이고, 실천적 쓰임새로부터 면제되게 마련이다.[3] 마르크스와 엥겔스가 『신성가족』에서 채택한 논쟁적 명명법을 사용하자면, "마르크스"는 "성聖 마르크스"가 되었다. "마르크스"를 "성 마르크스"로 바꾸어 놓는 이 같은 정전화는 그의 이름을 어찌되었든 현재적 상황으로부터도 분리시키고 만다. 이러한 분리는 그 이름에 구성적으로 연결된 일련의 내용들 및 요소들을 중지시키고 특수한 전치轉置를 일으키면서 작동한다. 가령 그것은 "부르주아지가 받아들이거나 받아들일 것 같은 부분만 내세우고 찬양한다."[4] 마르크스의 사유 중 받아들일 만한 것만 내세우고, 여전히 받아들일 수 없는 것, 과잉된 것과 대담한 것, 혹은 그의 사유

2. Lenin, *The State and Revolution*, p. 41[『국가와 혁명』, 16쪽].
3. Giorgio Agamben, *Profanations* (New York: Zone Books, 2007)을 보라.

중 너무나 혁명적으로 보이는 것에는 길다란 그림자를 드리우게 한다. "마르크스"에서 "성 마르크스"로의 전환은 결과적으로 무해한 우상숭배의 형식으로 자신을 선포하는 집단, 즉 해방이나 혁명의 이념과는 아무런 실질적 관련도 없이 마르크스의 이름 주변에 모여든 정치적 집단을 만들 뿐이라고 레닌은 판단했다. 설령 그들 가운데 누군가가 전심전력으로 변화를 요구한다 할지라도, 무엇을 벌이든 그들이 실제로 벌이는 일은 필요한 변화가 실제로 사건화되는 것을 방해하는 것일 따름이다. 여러 가지 방법으로 마르크스를 신성화하여 [반혁명적으로] 동화同化시켜 버리는 행태에 대해 레닌은 이렇게 썼다. 마르크스의 사유를 "그들은 생략하거나, 불투명하게 만들고, 왜곡시켜 버린다."[5] 그것은 "마르크스주의"를 편의적으로 "조작하는" 것이다.[6]

예컨대 누군가는 "계급투쟁 대신에 계급 간의 조화라는 몽상을 대체해 놓고", 그로써 "프롤레타리아 혁명을 염두에 두는 습관에서 완전히 벗어나" 버린다.[7] 마르크스주의자가 된

---

4. Lenin, *The State and Revolution*, p. 41[『국가와 혁명』, 16쪽].
5. Lenin, *The State and Revolution*, p. 41[『국가와 혁명』, 16쪽].
6. Lenin, *The State and Revolution*, p. 41[『국가와 혁명』, 16쪽].
7. Lenin, *The State and Revolution*, p. 90[『국가와 혁명』, 38, 70쪽].

다는 것이 무엇을 뜻하는지 망각하고, 모호하게 만들며, 왜곡시킨다면 누구든지 마르크스주의자가 될 수 있을 것이다. 레닌은 마르크스(주의)를 조작하는 데 관련된 특별한 방법들의 목록을 자세히 제시하고 있다. 억압, 왜곡, 생략, "개량", 부인, 은폐, 단순화, 배반, 속류화, 회피, 묵살, 희화화 등등. 이들 각각을, 혹은 그 모든 방법들을 함께 적용함으로써 직접적인 거부나 공격보다도 더욱 치밀한 마르크스(주의)에 대한 동화적同化的 저지가 수행되는 셈이다. 모호하고 반동적인 주체는 해방을 재현하면서 그 이름을 재전유해 버린다. 이런 식으로 마르크스는 실질적으로 무해한 우상이 되고말았다. 알맹이 없고 무기력한 ("엥겔스"가 "천사"가 되어 그를 따라다니는) 깡통 신神이 됨으로써 그저 흠모의 대상으로 바뀌어 버린 것이다. 이 왜곡되고 잘못 재현된 우상은, 그리하여 혁명적인 (개념의) 망치를 잃어버린 채 역사의 장에 들어서게 되었다. 레닌에게 이 같은 역사적 정황은 마르크스주의가 엉터리로 제시되고 있는 시대에 어떻게 하면 마르크스에게 충실히 남아 있을 수 있는지에 관한 일련의 질문을 제기하는 것처럼 보였다. 이것이 『국가와 혁명』이 마르크스주의의 근본 원리(일반적 추정과 달리, 레닌에게 그것은 계급투쟁에 집중된 게 아니라 프롤레타리아 독재에 응축되어 있다)로 되돌아가 그 진리를 다시 설립하는 기획을 떠맡은 이유이다. 요컨대 레닌은 "마르크스"를 세속화하고 탈신성화하는 임무를 떠맡았다. 그것은 구체적인 역사적 상황이라는 토대 위에서 마르크스의 사유가 갖는 현대적이며 특수한 타당성을 묘파할 수 있을 때만 실현되는 작업이다. 마르크스의 이름이 가진 진리는 초역사적인 도그마의 정전적 본질에 있지 않다. 그것은 특수하면서도 구체적이고 특이적이면서 역사적인 상황의 진리로서 효과를 발휘할 때, 또는 초역사적 본질이 역사적 상황이 갖는 진리의 일부로서 작동할 때 복원될 수 있다. 이는 역사적 전망으로부터 마르크스의 타당성을 판단하는 게 아니라 특이한 역사적 상황에 대한 마르크스주의적 전망의 타당성을 드러냄으로써 달성되는 것이다. 그러므로 근본 원리는 특수한 상황 속에 비친 마르크스는 무엇인가라는 질문에 있는 게 아니라, 마르크스의 시선을 통해 드러난 그 상황이란 무엇인가라는 질문에 있다.

오늘날 일반적으로 마르크스가 "낡은 모자" 취급을 당하고 있음에도, 레닌의 진단으로부터 우리는 마르크스의 현대적 타당성을 찾아낼 수 있으며, 심지어 보수주의자들조차 점차 그에게 동조하는 경향을 나타내고 있다. 보수주의자들이 자신들을 혁명적 마르크스주의자(나 레닌주의자 등등)로 믿어 버런 게 아니라면, 어떻게 이런 일이 가능해졌을까? 종종 그들이 마르크스의 경제 분석을 옳고 설득력 있는 것으로 받아들였기 때문이란 답변을 듣곤 한다. 그러나 고전적 마르크스주의자들이 마르크스의 분석으로부터 이끌어 낸 정치적 결과들이 근본적으로 오도된 것은 아니었는지 반문해 볼 필요가 있다.[8] 마르크스의 기이한 운명은 아직 끝나지 않은 듯싶다. 공식적인 국가적 독트린의 형태로 도그마처럼 길들여졌으며 "현실 속에 실존하는 사회주의(마르크스주의) 국가"와 더

8. 계급과 계급투쟁이 존재함을 명확히 인지하고 있음에도 그 같은 입장을 취하는 자들에 대해 레닌은 다음과 같이 통렬하게 공박했다. "계급투쟁에 대한 인식을 프롤레타리아 독재에 대한 인식으로까지 확장하는 사람만이 마르크주의자라 할 수 있다"(*The State and Revolution*, p. 70[『국가와 혁명』, 49쪽]). 오늘날 우리는 이 주장을 이렇게 수정해 볼 수 있을 듯하다. 최근 미국에서 트럼프의 승리에 관해 생각해 보자[도널드 트럼프는 2017년 제45대 미국 대통령에 취임했다 — 옮긴이]. 이는 부르주아 지배의 반동적 재현으로 볼 수 있지 않겠는가? "보라구, 객관적 사실이란 없어. 오직 계급투쟁이 매개된 현실만이 있을 뿐이라구. 이번에는 우리가 이긴 거야!" 전통적으로 계급투쟁의 존재를 부정하던 자들이 이제는 공공연하게 계급투쟁이 있음을 주장하고 있다(우리는 알아야 한다. 계급투쟁은 존재한다는 것을!). 그들이 자기 입장에 계급적 편견을 숨겨 두고 있다고 비판당할 일은 이제 없다(이는 "가짜 뉴스"에 대한 비판에도 그대로 적용된다. 가짜 뉴스는 결국 정치의 영역에는 중립적 사실이란 없다는 점을 이상한 방식으로 흡수한 결과가 아닐까? 또한 이것은 트럼프에 대한 확실한 승인이 아니라 그의 "정치"가 예전의 해방적 잠재력을 흡수했음을 보여 주는 지표일 수 있다. 이런 이유들로 이전에 "레닌"을 "성뾰 레닌"으로 변모시켰듯이, 스티브 배넌[사업가 출신으로 트럼프의 선거 전략 참모 —옮긴이 주]이 자신을 레닌주의자라 불렀던 것도 그리 놀랄 일이 아니다).

28

불어 사라져 버린 마르크스의 이론적 입장은 과학과 학문의 연구 대상이 되었다. 과거에는 계급의 적이었던 이들에게 그의 이론은 더 큰 이해관심사가 되었고, 타당성을 갖는 것처럼 보일 정도다. 하지만 어찌되었든 해방의 정치 이론 및 혁명적 실천과는 이제 무관해져 버린 것도 사실이다.

마르크스주의가 철학과 정치, 문화적 논쟁에서 여전히 중심적이고 구성적인 요소로 남아 있던 1960년대의 상황과 현재의 이슈를 비교해 보자. 그때 마르크스주의의 타당성과 적용 범위는 그것을 반영하고 지향하던 역사적 실천 및 논쟁의 범위 내에서, 또 그것을 관통하면서 지속적으로 변화하고 있었다. 그러나 이제는 더 이상 그런 시대가 아니다. 지난 [20]세기가, 일반적으로 말해, 역사가 잠재성에 개방되어 있고 거기에 정치적 가능성이 존재한다는 가정 하에 작동하던 시대였다면ー심지어 그러한 가능성이 나중에야 (혁명과 학생 봉기, 반식민주의 투쟁, 여성 해방 등으로) 진정한 잠재력으로 인정받았다 해도ー, 현재의 우리 시대에는 마르크스(주의)가 구체적 실천과의 그 같은 연계성을 상실해 버린 것처럼 보인다. 우리는 과거에는 존재했으나 현재는 결여되어 있는 역사의 시간성 자체를 구성하던 시대를 통과해 가고 있다(그 "원동력"은 종종 자본주의 체계 자체의 동학과 동일시되어 왔다).

[2010년 이래] "아랍의 봄"이 역사의 잠재적 각성을 약속하는 듯 보여도[9], 오늘날은 더 이상 정치적이고 대중적인 거대한 사건이 일어나지 않으며, 과거의 대중적 사건은 지속적인 효과를 전혀 미치지 못하고 있다(실제로 목전에 닥친 재앙을 뜻하지는 않는다 해도 최소한 현재에 끼치는 충격이란 점에서는 그 결과가 불명료하게 남아 있고, 이는 혁명의 개념 자체와도 깊이 관련된 문제다). 이전에는 사람들이 각자의 정치적·개념적·철학적 상상력을 자신들이 경험하고 있는 사건과 분리되지 않도록, 혹은 그에 능동적으로 참여하도록 강제되었다면, 오늘날 우리가 살아가는 역사적 상황은, 폭넓게 말해 현재의 상황은 우리가 상상하고 사유할 수 있는 해방의 가능성과 개념적 방법, 주도권 등이 점진적으로 폐쇄되어 가는 국면이다. 우리는 (다르게) 사유하고 이론적 도구와 방법뿐만 아니라 실천을 (재)모델화하도록 강제하는 그 어떤 실천으로부터도 분리된 상황과 맞닥뜨려 있는 것이다. 잘 알려진 것처럼, 자본주의 체계가 일으키는 최소한의 변화보다 혜성이 지구와 충돌하는 상상을 하는 게 더 쉬울 지경이다. 따라서 자본주의 체계에 반대하는 수많은 주장에 매달리는 것은 알맹이 없는 의견doxa

9. Alain Badiou, *The Rebirth of History: Times of Riots and Uprisings* (New York: Verso, 2012)를 보라.

에 불과한 것처럼 보인다.

20세기 마르크스주의자들은 급속도로 전개되는 사태에 개념적 상상력의 발걸음을 맞추는 게 대단히 어렵다는 점을 잘 알고 있었다. 사건의 전개와 그에 대한 반응은 마르크스주의자들로 하여금 사건을 어떻게 지속시킬 것인지, 사건 속에서 무엇을 할 것인지에 관해 거듭 생각하도록 강요했다. 그러나 오늘날은 대단히 기이한 퇴행이 전개되고 있는 바, 이는 사태의 또 다른 방향을 지시해 준다. 반동과 퇴행, 반계몽주의적 경향의 시대가 온 것이다. 20세기 마르크스주의, 특히 1960년대의 그것이 가졌던 낙관주의와는 정반대로, 지금 우리는 발전의 추력이 노동계급의 사회적 부상을 일으키지도 않고, 현 세계를 구성하는 지배 체계를 파괴하지도 않으며, (모두 주지하다시피) 사회주의를 향한 필연적인 진군으로 나아가지도 않을 것임을 잘 알고 있다.

미래 혁명의 주체가 이미 잠재적으로 존재하기에, 그 주체가 제대로 동원되기만 하면 만사가 술술 풀리리라는 전제는 고전적 마르크스주의가 안고 있던 최대의 한계였다. 특히 자본주의의 동학이 사회적으로 배제된 자들을 착취조차 하지 않는 사회 조직의 형식으로 선포된 시대에는 더욱 그러하다.[10] 그 대신 슬럼가의 주민들, 난민들, 헤겔에 의해 "가난한 무리"로 지목된 사람들 같은 배제된 자들은 자본주의 체계의 바깥으로 내몰리게 되었고, 사방에 세워진 새로운 장벽들에 의해 내부로의 진입을 저지당해 버렸다.[11] 현대 세계의 진리이자 한계는, 현 상황으로서는 (알랭 바디우가 주장하듯 그 얼마나 전 지구화가 진행되어 있다 해도, 그리하여 더 이상 세계 자체가 존재하지 않는다 해도) 야만이 다시 현행화된 형식이라 할 수 있다. "사회주의냐 야만이냐"[12]의 저 유명한 이율배반은 "(자본주의적) 야만이냐 (사회주의적) 야만이냐" 사이의 선택지를 두고 오늘날 유예되어 있는 것처럼 보인다. 우리에게는 이제 "(자본주의적) 야만이냐 (야만적) 자본주의냐"라는 동어반복적 선택지만이 남아 있다. 그것만이 유일한 게임이 되었다.

그러므로 오늘날 우리가 마르크스를 읽는 것은 특별한 철

---

10. 푸코에 따르면 근대적 통치 형태의 핵심은 생명이 "죽게 만들고 살게 내버려두는" 데 있던 반면, 탈근대적 통치의 전환은 생명으로 하여금 "살게 만들고 죽게 내버려두는" 데 있다. 특히 후자는 20세기 후반의 신자유주의적 생명 권력의 전형적 통치 형태를 가리킨다. ─ 옮긴이 주.

11. Frank Ruda, *Hegel's Rabble. An Investigation into Hegel's Philosophy of Right* (London: Continuum, 2011).

12. 독일의 혁명가 로자 룩셈부르크가 1915년 제1차 세계대전의 발발을 각국 노동계급의 반전 투쟁과 내전으로 전화시키기 위해 작성한 『유니우스 팜플렛』 *Junius Pamphlet*의 주요 표어 중 하나이다. 프리드리히 엥겔스의 원전과 칼 카우츠키의 판본이 더 있다. ─ 옮긴이 주.

학적 의미를 갖는다. 과거의 마르크스주의 형식에 대항해서뿐만 아니라 현재의 역사적 정세에 발맞춰 해방적 지향을 표현하기 위해 마르크스로부터 무엇을 뽑아 낼 수 있을까? 이 질문에 답하기 위해서는 어떻게 마르크스를 읽을 것인지 먼저 물어야 한다. 이 책에서 슬라보예 지젝은 마르크스 독해의 패러다임적 전제를 제기한다. 현대적 상황에서 우리가 반드시 마르크스의 저작을 있는 그대로 직접 읽어야 할 필요는 없다. 핵심은 상상력을 촉발하는 발명적이고 실험적인 독해에 있다. 마르크스가 죽었다고 선언하거나 과도하게 현실 포용적으로 수정된 마르크스주의에 따라 마르크스를 순치시키려는 비판자들에 대해, 마르크스라면 어떤 대답을 했을까? 마르크스를 대체하려 들거나, 심지어 그를 근본적으로 상이한 정치적·존재론적 이론들과 양립시키려는 비판자들에 대해, 마르크스라면 어떻게 응답했을까? 우리는 이에 관한 상상력을 발휘하면서 마르크스를 읽어야 한다. 그 같은 독해는 마르크스를 해방적 사유의 역사에서 출발한 이론적 입장 및 개념적 테제들과 만나게 해줄 것이다. 프랑크 루다와 아곤 함자가 집필한 장에서 읽을 수 있듯, 설령 그런 입장과 테제가 고전적 마르크스주의에 비할 때 낯설어 보일 수도 있겠지만 말이다. 루다는 (모든 신화에 나타나는) 해방에 대한 가장 오래된 신화에 대항하여, 즉 플라톤의 동굴 알레고리에 맞서서 자본주의적 주체성(노동자)의 패러다임이 어떻게 구성되는지에 대한 마르크스의 기술을 검토한다. 함자는 헤겔의 노동 이론에서 단서를 찾아내는 바, 여기서 노동은 노동 자체에 부정성을 각인시키는 활동이다. 이로써 함자는 마르크스주의적 노동 이론의 모델을 노정하는데, 이는 구체적 노동과 추상적 노동의 분할을 넘어서 마르크스주의적 사유에서 그것이 무엇을 뜻하는지에 대한 탐구이다.

이 세 장들은 『자본』에 대한 다양한 독해가 만들어 왔던 과거의 역사적이고 정치적인 배경들에 대립해 있다. 함자의 다른 글에 따르면, 『자본』을 「공산당주의당 선언」의 계열 속에서 독해하는 마르크스주의자들이 있다. "자본주의는 자신의 무덤을 파는 이들을 낳는다." 그들에게 자본주의 **내부의** 위기는 자본주의 **자체**의 위기인 바, 그것은 자기자신을 극복하는 수단을 생산한다. 어떤 이들은 『자본』을 「공산주의당 선언」의 또 다른 진술로부터 계열화시켜 읽는데, 영구적인 사회 혁명은 부르주아지에 의해 초래될 것이라는 독해가 그것이다. 그들에게 위기는 자본주의의 끊임없는 내적 계기이며, 자기 재생산의 일부라 할 수 있다. 어느 쪽이 더욱 설득력 있어 보이는가? 양쪽 다 아닐 것이다. 우리가 움켜잡게 된 더욱 무시무시한 현실은 자본주의가 실상 그 자신의 논리를 무한정 재생산한다는 것이고, 그렇게 내적 한계에 도달한다는 것이다. 그러나 이 한계는 사회주의나 공산주의가 아니다. 그것은 차라리 야만성(으로의 퇴행)이다. 자연적이고 사회적인 실체에 대해 "퇴행적 정신"이 벌이는 완전한 파괴는 "현실성 검사"를 인지하지 못한다.[13] 이런 의미에서 자본주의가 양산하는 "무덤 파는 사람들"은 모든 대안들에 대해서도, 잠재적 자유의 마지막 씨앗에 대해서도 역시 무덤을 파는 자들이다. 바로 이것이 어떠한 해방의 기획도 자본주의의 내적 논리가 스스로 출구를 가리켜 보여 주리라 기대해서는 안 되며, 자본주의에 끌려 다니지 않으리란 희망 속에서 그것의 붕괴를 학수고대해서도 안 되는 까닭이다.[14]

---

13. 현실성 검사reality testing는 프로이트의 정신분석에서 내적 의식의 표상과 외적 객관 현실 사이의 비교와 검토를 통해 전자의 왜곡을 교정하는 심리적 기능이다. 그러나 이 같은 검증 기능은 정신분석의 발전사에서 다소간 혼동되고 불명확하게 남아 있는데, '객관적 현실' 자체가 의식의 내적 현실과 명확히 분리되지 않는 까닭이다. 또한 무의식적 현실은 객관과 주관의 현실 모두에 영향을 끼치며 작용하기에 주관/객관, 내면/외면의 이분법은 애초에 불가능하다. 본문의 내용은 가장 기초적인 기능에 한정되어 있으나, 정신분석적 논의가 심도를 더해 갈수록 이 문제가 보다 복잡해진다는 점을 염두에 두자. ─ 옮긴이 주.

14. Agon Hamza, "The Refugee Crisis and the Helplessness of the Left," in *The Final Countdown: Europe, Refugees and the Left*, ed. Jela Krečič (Ljubljana: IRWIN, 2017), p. 175.

우리는 마르크스를 철학자로서 읽을 것이다. 이는『자본을 읽는다』Reading Capital, 1965/1968에서 루이 알튀세르가 제기했던 명제를 생각나지 않을 수 없게 만든다. 그와 그의 동료들은 "철학자로서" 이전에 경제학자나 역사학자, 문헌학자들이 읽었던 것과는 근본적으로 다른 방식으로 "『자본』을 읽고자" 했다.[15] 이에 우리는 다음과 같이 덧붙여야 한다. 우리는『자본』을 (그저) 정치적 저작으로 읽지는 않을 것이다. 우리의 관심사는 학문 일반의 역사 속에서 마르크스의 정치경제학 비판이 차지하는 위치가 아니다. 또한 당금의 경제 분석에 대해 그것이 적용될 만한 즉각적인 타당성을 찾는 것도 아니다. 우리는 마르크스와 그의『자본』을 정치적이고 역사적인 다큐멘터리적 자료로 읽으려 하지 않는다. 그 같은 독해는 우리 시대의 정치적 "프로그램"에 실천적으로 투입될 수 있는 그 무엇도 제공하지 못할 것이다.

자신의 제자들과 함께 알튀세르는 마르크스의『자본』에 대해 징후적 독해를 수행했다. 그는 "순수한 독서란 존재하지 않는다. 우리는 우리가 읽는 것에 대한 책임이 있다"고 선

---

15. Louis Althusser, Étienne Balibar, Roger Establet, Jacques Rancière, and Pierre Macherey, *Reading Capital: The Complete Edition* (London: Verso, 2015), p. 12.

언했다. 문자 그대로 정확히 『자본』을 읽음으로써 징후적 독해의 방법론을 적용한다면, 우리는 텍스트 내에 억압되어 있는 모종의 본질에 도달할 수 있다. 하나의 텍스트에는 언제나 두 가지 텍스트가 존재하며, 그중 하나는 다른 하나에 잠복해 있는 것이기에 그 같은 독해를 통해서만 명백히 드러나게 된다. 그렇게 우리는 텍스트 자체의 무의식을 문제화하고 재구축할 수 있다. 알튀세르는 이 같은 독서 형식의 조건에 부응하는 것으로서 마르크스주의 철학에로 나아갔다. 이런 식으로 마르크스주의의 개념과 철학은 선명해지고, 그 "지속적인 실존을 위해 제거 불가능한 최소치를 설정"할 수 있게 된다. 이는 해당 텍스트 혹은 관계의 징후를 드러냄으로써 시작되는 것이다.

알튀세르와 그의 동료 집단은 마르크스의 『자본』을 읽기 위한 철학적 토대를 창안하려는 기획을 출범시켰다. 따라서 『자본을 읽는다』가 알튀세르의 논문 「자본으로부터 마르크스의 철학으로」로 시작되는 것은 놀라운 일이 아니다. 정말 이 제목은 전체 기획의 경로와 목적을 가장 적합하게 압축해 놓고 있다. 실제로 스피노자에서 출발해 마르크스의 『자본』을 읽어 가는 과정은 인식론적 바탕 위에서 수행된다. 거칠게 말하자면, 알튀세르는 "대상에 대한 관계의 문제, 따라서

『자본』의 대상의 특수성이라는 문제와 『자본』이 그 대상과 맺고 있는 관계의 특수성이라는 문제"에 주의를 기울였다.[16] 철학은 지식의 장 위에서 작동하고, 그 (재)생산을 보장한다. 즉 지식의 영토에 끼치는 효과에 관해 사유하면서, 철학은 지식을 장악한 채 그것의 장場 위에서 존속하는 것이다.

마르크스의 『자본』은 알튀세르의 작업에서 매우 특수한 입지를 차지한다. 그것은 대상과 방법의 수준에서도 "고전적 경제학자들"과는 매우 차별적이다.[17] 또한 거기엔 인식론적 전환이 나타나는 바, 그로써 새로운 대상과 방법 그리고 이론이 출범한다. 알튀세르가 다음과 같은 대담한 질문을 던진 것도 그래서이다. "『자본』은 새로운 학문, 즉 과학을 창시하는 계기를 나타내며, 따라서 과학의 전사前史에서 고전 정치경제학과 헤겔 및 포이어바흐적 이데올로기들을 동시에 거부하고 과학사의 절대적인 시작을 나타내는 이론적 혁명을

---

16. Althusser et al., *Reading Capital*, p. 12[『자본론을 읽는다』, 김진엽 옮김, 두레, 1991, 14쪽. 한국어본은 1970년대의 영어본을 옮긴 것이므로 2015년에 간행된 '완전판'과는 다소 다르다—옮긴이].

17. 마르크스의 "정치경제학 비판"과 고전 정치경제학 및 경제학자들 사이의 차이에 관해서는 다음을 참조하라. Michael Heinrich, *An Introduction to the Three Volumes of Marx's Capital* (New York: Monthly Review Press, 2004), pp. 29~38.

만들어 낸 실질적 사건인가?"[18] 알튀세르는 (약간의 유보를 둔 가운데) 마르크스의 발견이 새로운 과학적 대륙의 개시이자, 역사과학의 출발점이며, 과학사의 발전에서 볼 때 다른 두 가지 발견에 비견될 만하다고 생각했다. 하나는 (그리스인들에 의한) 수학이라는 대륙의 발견이고, 다른 하나는 (갈릴레오에 의한) 물리학이라는 대륙의 발견이다. 과학에서 새로운 대륙의 발견은 "지형의 변화"를 상정한다. 더욱 친숙한 용어로 말하자면, 이론적 지형을 새로이 정식화하는 것인데, 이는 인식론적 절단을 전제하는 것이다. 모든 위대한 과학적 발견이 그러하듯, 알튀세르에게 [마르크스에 의한] 역사과학의 발견은 "현대사에서 가장 중요한 이론적 사건"으로서 철학의 거대한 전환을 포함한다. 수학에 대해 플라톤이 그러했고(철학의 탄생), 물리학에 대해 데카르트가 그러했듯이(근대철학의 시작), 역사과학에 대해서도 마르크스가 그런 역할을 맡은 셈이다. 포이어바흐에 관한 11개의 테제로 출범한 철학의 새로운 실천은, 고전철학의 종언을 표지했다. 하지만 마르크스주의 철학, 즉 변증법적 유물론은 항상 너무 늦게 도착했고, 언제나 과학의 역사 곧 역사유물론의 뒤를 따

18. Althusser et al., *Reading Capital*, p. 13[『자본론을 읽는다』 15~16쪽].

라왔다. 또한 알튀세르에 따르면, 과학의 이면으로 멀리 뒤처진 철학은 항상 정치 다음에 오게 된다. 그러나 『자본』은 최종 심급에서 과학사의 토대이거나 "절대적 시작"이기도 하다. 그것은 그 자체의 역사를 만드는 작업이기에 근대 경제학이나 정치경제학적 지식과는 다른 절단을 수행한다. 징후적 독해를 통해 그 같은 개념화를 거치면서 알튀세르 및 그의 동료들은 『자본』을 인식론적으로 읽을 수 있었고, 이 저작으로부터 철학적 독서가 낳을 수 있는 최고의 인식론적 함의를 끌어냈다. 그들이 놓은 『자본』의 자리가 바로 거기였다.

알튀세르 등의 집단적 노고와 달리, 이 책은 마르크스와 그의 『자본』, 또는 정치경제학 비판을 다루는 후속편이나 어떤 세미나의 결과물이 아니다(이 책은 대학에서 수행하는 공동 연구 보고서가 아니다). 또한 (알튀세르의 "스피노자 서클"에 비교할 만한) 비밀스런 철학적 분파의 산물도 아니다. 우리는 마르크스의 머리와 발이 처음으로 내딛은 새로운 과학적 영토의 발견을 선전하려는 목적도 갖지 않는다. 마르크스와 정치경제학 비판에 대한 우리의 접근 방식은 훨씬 특정한 지점들에 관련되어 있다. 오늘날 마르크스로 해결할 수 있는 실용적인 문제들을 제기하려는 게 아니라, 정치적으로 무엇을 사유해야 하고 또 무엇이 (다시) 사유되어야 하는가, 이를 위한 생산적인 도구는 무엇인가를 검토하기 위해 실험적으로 물음을 던져 보는 게 우리의 목적이다. 이런 시도는 21세기에 마르크스를 읽기 위한 포괄적인 철학적 개요를 제공해 주지는 못할 것이다. 차라리 당신이 읽으려는 이 책의 각 장들은 부분적이고, 특수하고, 구체적인 독서법을 제시하려 한다. 하지만 이는 마르크스 사상의 주변부에 있던 지점들, (때로 멀리서나 보였기에) 곁눈으로 슬쩍 보아야 눈에 띄던 지점들로부터 뜻밖에도 (억압되었거나 모호하게 남겨졌던) 보편적 차원을 끌어낼 수도 있다. 더구나 이 책은 20세기 또는 그 이전에 제출되었던 마르크스에 관한 수많은 독해들을 평가하려는 시도도 아니다. 우리의 접근 방식은 부분적이지도 아닐 뿐더러 분명히 백과사전적인 것도 아니다. 오히려 각자의 독해를 통해 우리는 (마르크스의 내부에서 그리고/또는 마르크스로부터) 무엇인가 예기치 않은 것을 생산해 내고자 하며, 독자들은 이 실험이 제대로 이루어지고 있는지, 어떤 지점에서 그것이 가능하며 또 실패하지는 않을는지 스스로 판단해 보아야 할 것이다. 그런 방식으로 이 책은 마르크스(주의)와의 뜻밖의 재회를 위한 모종의 기여를 하고자 한다. 자, 그럼 왜 "뜻밖의 재회"인가?

에른스트 블로흐Ernst Bloch는 언젠가 요한 페터 헤벨

Johann Peter Hebel, 1760~1826의 소설 『뜻밖의 재회』*Unverhofftes Wiedersehen, 1811*를 (프란츠 카프카의 작품과 더불어) "세상에서 가장 아름다운 이야기"라 부른 적이 있다.[19] 이 단편은 결혼을 앞둔 젊은 광부의 이야기로 시작된다. 결혼식 전의 어느 날 그는 광산에서 돌아오지 않았고, 광산 어딘가에서 죽은 게 확실하다고 여겨졌다. 50년이 지나 광산의 일부가 무너져 내렸을 때, 그 젊은 광부의 시신이 전혀 나이를 먹지 않은 듯 말끔하게 보존된 상태로 발견되었다. 마치 광부가 죽었을 때부터 보존 용액에 들어가 그 세월 동안 신체가 온전히 유지되기라도 한 것처럼. 모든 친인척들은 그가 실종된 후 오랜 세월이 흐르는 동안 이미 다 죽었기 때문에 처음엔 누구도 그가 누구인지 알아보지 못했다. 하지만 머리가 하얗게 센 목발을 짚은 노파, 즉 그의 처가 되었어야 할 어떤 여자가 시신을 보고서는 곧장 그임을 알아차렸다. 그녀는 "마치 그녀의 결혼식 날인 것처럼" 그의 장례식에 참여했다. 그리고 그의 시신이 무덤 아래로 내려지자 그녀는 이렇게 말하고 떠나갔다. "이제 고이 주무시구려. 신방이 선선하겠지만,

---

19. Ernst Bloch, "Nachwort," in *Johann Peter Hebel, Kalendergeschichten* (Frankfurt am Mein: Suhrkamp, 1965), p. 139.

한 열흘 정도만 참고 기다리시우. 난 이제 할 일도 없으니 금 방 따라가려우. 지금은 캄캄하겠지만, 금방 동이 틀 거유."[20]

이 책은 마르크스와의 뜻밖의 재회를 열기 위한 것이지, 그를 우리에게서 완전히 매장하기 위한 시도가 아니다. 즉, 그의 이름 및 해방적 사유와 어떻게 (다시) 만날 것인지, 그 가능한 방안들을 모색하기 위한 시도이다. 우리가 할 수 있 는 일이 얼마 남지 않았을지 모르나 우리는 곧 다시 그와 합 류할 것이고, "금방 동이 틀 것이다." 철학의 시간은 늘 대낮 이 황혼녘으로 바뀔 무렵에 시작되었다. 그러니 우리가 할 일을 하도록 하자. 마르크스를 읽는 것이 바로 그것이다.

베를린/류블랴나/프리슈티나

---

20. 요한 페터 헤벨Johann Peter Hebel, 1760~1826의 이 작품은 『뜻밖의 재회』라는 제목으로 요한 볼프강 폰 괴테 외, 『어느 사랑의 실험』, 임홍배 엮고 옮김, 창비, 2010, 83~86쪽에 번역되어 있다. — 옮긴이 주.

1

마르크스, 객체 지향적 존재론을 읽다

오늘날 우리가 진정 수행해야 하는 마르크스 읽기는 그의 텍스트에 곧장 파고드는 것도 아니고, 오직 상상력에 의지해서 읽는 것도 아니다. 가령 철 지난 마르크스주의를 대체하기 위해 제시된 새로운 이론들에 대해 마르크스라면 어떻게 응대했을지, 연대기 순으로 상상해 보는 방식이 그럴 게다. 그런 독해 방식들 중 가장 최근의 것은 객체 지향적 존재론 OOO, object-oriented ontology[1]이나 배치assemblage[2]의 이론, 그

---

1. 근대 사상이 특권화한 인간-주체 중심주의적 사유를 비판적으로 논박하여 비인간적 대상, 인간 인식에 결박되지 않은 대상의 사물성으로부터 세계를 재구성하려는 미국 철학자 그레이엄 하먼의 입장이 객체 지향적 존재론이다. 주체/객체라는 근대적 이분법을 전도시키려는 주장을 살려 'object'를 '객체'로 옮기면 뜻이 분명해질 수 있으나, 지젝의 논의는 객체 지향적 존재론 이외에도 일반 이론적 진폭을 담아내고 있으므로 이 글에서는 '대상'으로 번역했다. 그레이엄 하먼과 그의 사상에 대해서는 『네트워크의 군주』, 김효진 옮김, 갈무리, 2019; *Object-Oriented Ontology: A New Theory of Everything*, (Penguin, 2018) 등을 참조하라. ― 옮긴이 주.

리고 신新유물론NM, new materialism[3]이라 불리는 다양한 판본들이 펼치는 복합적 무대이다. 비록 [이 판본들이 노리는] 주요한 목표는 초월론적 인간주의[휴머니즘]이지만, 그 배면에 도사리고 있는 것은 분명 마르크스주의의 유령이다. 이 같은 최근의 습격에 맞서 마르크스주의를 방어하고자 한다면, 우리는 예상치 않은 우회를 감행해야 한다. 객체 지향적 존재론을 읽으며 우리는 그 주창자인 그레이엄 하먼에게 특별한 주의를 기울여야 한다. 그가 가장 정적이고 비변증법적인 판본을 제공하고 있음에도 불구하고, 역설적이게도 그는 우리

2. 배치는 질 들뢰즈와 펠릭스 가타리의 철학에 나오는 중심 개념으로서, 존재하는 모든 것은 (헤겔 철학에서와 같은) 어떤 본질의 전개가 아니라 특정한 집합적 배치의 (유물론적) 산물이란 주장을 담고 있다. 인간이든 동물이든 사물이든 그 무엇도 선험적으로 정의된 본질을 갖지 않으며, 단지 지금-여기의 조건 속에서 형성되고 변이하는 운동에 놓일 뿐이다. 본성nature이란 절대 불변하는 본질적 속성이 아니라 그 같은 운동의 한시적 효과인 것이다. 지젝은 배치 이론에 대해 생기론 내지 활력론이 유물론의 형식으로 되돌아온 것이라 간주하며 비판한다. 매개를 거치지 않은 채 주체와 대상 사이의 직접적 연결이나 상호 변형을 주장하는 이런 입장은 그가 주장하는 (새로운) 변증법적 유물론과의 대결을 피할 수 없다. 슬라보예 지젝, 『분명 여기에 뼈 하나가 있다』 정혁현 옮김, 인간사랑, 2016, 26~27쪽. ─ 옮긴이 주.

3. 신유물론은 2000년대 이후 서구 사회과학의 패러다임 전환을 꾀하며 등장한 이론적 조류이다. 근대 사회과학이 비인간적 사물의 세계, 즉 자연과 분리된 인간 사회만을 대상으로 삼았던 데 반해, 신유물론은 비인간적 사물과 인간의 관계가 사회를 형성한다고 간주하며, 이 상호관계의 동학을 연구 대상으로 설정하고자 한다. ─ 옮긴이 주.

로 하여금 마르크스주의 변증법과의 연관관계를 재설정하도록 만드는 몇 가지 특징들을 제시하기 때문이다.[4]

기계론, 유기체, 구조, 총체성, 배치 — 이 상황에서 우리는 다음 두 가지 극단 사이에서 타협하여 적절한 입장을 모색해야 한다. 첫째, 유일하게 적합한 것으로서 (배치든 총체성이든) 단 하나의 범주만을 고집함으로써 다른 것들을 틀린 것으로 탄핵하기, 둘째, (비활동적 질료에는 기계론을, 생명체에는 유기성을 부여함으로써) 현실의 특수한 수준을 적절히 규정짓고 각각의 범주를 단순히 승인해 버리기. 이때 범주들의 변증법적 혼합이 빚어 내는 사례들이 특히 흥미롭다. 예컨대 선택적 진화에 대한 스티븐 제이 굴드Stephen Jay Gould의 테제는 유기체가 배치 이론과 마찬가지로 구조화되어 있음을 암시하는 게 아닌가? 절대 정신이 생명으로부터 부상한다는 헤겔의 논변은 기호의 작동 수준에 있는 기계론으로의 "퇴행"을 암시하지 않겠는가?(유기체의 특징인 유기적-표현적 전체성으로부터 상징적 네트워크의 미분적 구조로의 이행을 뒷

---

4. Graham Harman, *Immaterialism* (Cambridge: Polity, 2016). 덧붙이자면, 나는 지금 배치 이론과 다른 유사한 입장들(루드비히 폰 버탈란피와 니클라스 루만의 체계 이론) 간의 관련성 및 배치의 관념에 대한 주디스 버틀러의 의존성 등을 고려하지 않고 있다(그녀는 이 용어를 공적인 집합에 대한 특별한 의미로 사용하고 있다).

받침하는, 기계론으로의 "퇴행"이 바로 그렇다) 핵심은 기계론, 유기체, (미분적) 구조, 총체성, 배치의 다섯 가지 개념들은 동일한 수준에 있지 않다는 데 있다. 총체성은 미분적 구조와 똑같지 않고, 다만 최종적으로 사유될 수 있는 미분적 구조라는 점에서만 동일하다. 즉 총체성은 주체성과 구성적 적대를 포함하는 미분적 구조란 뜻이다(나아가 죽은 질료를 다루는 기계론은 의미작용에 참여하는 기계론과 동일하지 않다). 이 모든 것을 염두에 두면서, 우리는 배치와 총체성 사이의 대립에 초점을 맞추어야 한다. 그럼 배치의 기본적인 정의에서부터 시작해 보자.

1. 배치는 관계적이다. 그것은 새로운 전체를 형성하기 위해 상이한 개체들을 함께 연결시키는 배열 작용이다. 이는 외재적 관계들로 구성되며, 외재성은 각 항들(인간, 대상 등) 사이의 관계로부터 모종의 자율성을 내포한다. 구성 요소들이 갖는 속성은 전체를 이루는 관계들을 설명하지 못한다.

2. 배치는 생산적이다. 그것은 새로운 영토적 조직, 새로운 행동 양식, 새로운 표현, 새로운 행위 요소 및 새로운 현실성을 생산한다.

3. 배치는 이질적이다. 인간, 동물, 사물, 그리고 관념 등 연계될 수 있는 것에 관해서는 어떠한 선험적 한계도 갖지 않는다. 또한 배치 안에는 지배적 실체가 없다. 그 자체로 배치는 사회·물질적이다. 즉 배치는 자연과 문화 사이의 분할을 거부한다.

4. 배치는 탈영토화와 재영토화의 동학動學을 함축한다. 배치는 그것이 작동하는 영토성을 수립하고 결집시키지만, 또한 지속적으로 그 영토성을 이행시키고 전환시키며 절단한다.

5. 배치는 욕망된다. 욕망은 본성적으로 파편적이며, 파편화되는 흐름의 지속 및 부분 대상들을 계속해서 이중화한다.

이런 관점에서 세계는 단일하고 선험적인 현실이 아니라 수많은 실천들에 의해 조형된 다중적이며 수행적인 효과의 산물로 간주된다. 이것이 브루노 라투르Bruno Latour에게 있어 정치는 가치와 믿음의 주변이 아니라 사물과 이슈 주변을 맴도는 유물론적 사물 정치Dingpolitik인 까닭이다. 줄기세포와 휴대전화, 유전자 변형 유기물, 병원균, 새로운 사회기반시설, 새로운 재생산 테크놀로지는 관심있는 대중으로 하여금 그에 관한 지식의 다양한 형태 및 행위를 수행하게 한다. 이러한 지식과 행위의 다양한 형태들은 전통적인 정치 영역이 설정했던 제도나 정치적 이해관계, 이데올로기 등의 한계를 넘어선다. 존재론적 정치학이든 사물 정치든, 또는 코스모폴리틱스cosmopolitics든 무엇이라 부르건 간에 이러한 정치의 형태는 비인간적인 것의 활력있는 역할을 감안하고 있다. 그래서 구체적인 특정 상황에서는 암묵적이기보다는 공인되고 조직화된 다양한 지식의 형태를 [비인간적인 요소와] 공동으로 창출하고자 한다. 가장 중심적 조직에 정치지리학자들의 관심이 집중되었으니, 국가가 바로 그것이다. 국가를 통일된 행위자로 간주하는 대신, 지리와 종족, 언어, 도덕, 경제, 기술적 요소들 등의 이질적인 질서가 함께 공명하는 배치로 보고 접근해야 한다. 국가는 그 자체로 권력의 원천이기보다 그것의 효과이기에, 우리는 국가의 기능이 사회 물질적 기초를 재구성하는 데 초점을 맞출 필요가 있다. 배치라는 개념은 헤게모니적인 배치가 자연화되어 있는 것에 대해 의문을 제기하고 그것을 우연성에 노출시킴으로써, 배치의 정치적 도전을 열어 놓는다. "현상은 그 자체로 특수하기 때문에 특수하게 만들 필요가 없다고 주장함으로써, 배치의 사유와 행위자 네트워크 이론ANT, actor-network theory은 대안적 질서와 정치적 행동을 위한 대로大路를 열어 준다."5

배치의 요소들이 갖는 상대적 자율성은 예술 작품의 급진적인 재맥락화를 가능하게 해준다. 셰익스피어의 희곡을 예를 들어 보면, 원작의 효과를 상실하지 않으면서도 색다르게 뒤틀어 보는 게 가능하고, 현대적 무대 장치 위로 옮겨 놓을 수도 있을 것이다. 더 놀랄 만한 또 다른 예를 들어 보도록 하자. 제2차 세계대전 이후 만들어진 세 편의 〈쿠오 바디스〉*Quo Vadis*, 1951, USA, Melvyn le Roy; 1985, TV miniseries, Italy, Franco Rossi; 2001, Poland, Jerzy Kawalerowicz 영화들 중 첫 번째와 세 번째는 "수준 높은"의 종교적 키치의 사례인 반면, 클라우스 마리아 브란다우어Klaus Maria Brandauer가 네로로 분한 로시Franco Rossi의 여섯 시간짜리 텔레비전 판본은 어두운 정조로 만들어져 대단히 불안감을 안겨 주는 판본이다. 이 판본에서는 네로와 그의 궁정에서 벌어지는 외설적인 권력의 전시 속에 도착적倒錯的인 흑막이 너무 많아서, 최종적인 구원이 전혀 도래하지 않는다. 생존한 기독교도들은 삶이 완전히 망가져 버림으로써 순박한 인생의 즐거움을 파괴

5. 부족하나마 마틴 뮐러의 글을 압축한 서술이다. Martin Müller, "Assemblages and Actor-networks: Rethinking Socio-material Power, Politics and Space," quoted from http://onlinelibrary.wiley.com/doi/10.1111/gec3.12192/pdf.

당한 채 떠나고 만다. 로시는 영화의 모델이 전개되어야 하는 방법에 대해 잘 보여 주고 있다. (헨릭 시엔키에비츠에게 노벨상을 안겨다 준 참을 수 없을 정도로 가식적인 소설인 『쿠오 바디스』가) 가장 저급한 기독교적 프로파간다일지라도 그것의 명확한 메시지를 제거하는 방식으로 영화는 만들어져야 한다는 것이다. 로시는 원작에 낯선 요소들은 끌어들이지 않는다. 영화와 소설의 서사적 내용은 정확히 동일하다. 그는 다만 초기 기독교도들에게 가해졌던 도착적인 고문의 분위기를 원본에 나온 것보다 더욱 고강도로 보여 주었다. 이를 행위자 네트워크 이론ANT에 따라 말하자면, 로시의 판본은 마치 가상적인 선택지처럼 원본 소설의 다이어그램에 포함되어 있다. 하지만 이 사례에서 내가 이끌어 내는 결론은 하먼이 끌어낸 것과 정확히 동일하진 않다. 로시의 판본은 소설 자체에는 포함되어 있지 않다. 그것은 영화의 새로운 트렌드와 함께 소설의 다이어그램에 덧붙여진 것이다. 게다가 그 같은 "변화"는 실제적 상호작용을 벗어나는 어떤 미스터리적인 것의 결과가 아니다. 만일 소설의 내재적 구조에서 어떻게 그런 상이한 독해가 이루어질 수 있는지 파악해 본다면, 우리는 차라리 소설 그 자체가 존재론적으로 개방되어 있다는 것, 즉 "종결되지 않았"고, 비일관적이며, 적대에 의해 가로질러져 있다고 보는 것이 더 나을지 모른다. 나는 여기서 전통적인 헤겔적 요지를 지적하고자 한다. 변화는 외부에서 오지 않는다. 사태를 변화시키기(혹은 사태가 변화할 수 있게 하기) 위해서는 그 정체성이 이미 "모순적"이어야 하고, 비일관적이며, 내재적 긴장으로 가득 차 있어야 한다. 이런 의미에서 존재론적으로 "개방되어" 있어야 한다(본질-자체[In-itself]? 그-자체로[in-itself]? 그 자체[in itself]? 앞으로 줄표[-]로 연결된 것은 항상 대문자 첫 단어로 제시하겠다[In-itself]).[6]

정치에 있어서 트럼프라는 사태를 배치라는 관점에서 분석하는 것은 무척 흥미로운 일이다. 그것은 독특하고 일관된 포퓰리즘적 사태가 아니라 헤게모니를 행사할 수 있게 만드는 이질적 요소들의 종잡을 수 없는 배치인 탓이다. 포퓰리스트들의 반체제적인 분노, 세금 인하로 부자들을 보호한 데 대한 저항, 근본주의인 기독교 도덕, 인종주의적 애국주의 등이 거기에 함께 있다. 하지만 이런 요소들은 결코 합처지지 않는다. 이것들은 대단히 이질적이어서 완전히 다른 묶음 속에도 쉽게 엮일 수 있다(예컨대 반체제적 저항의 분노는 버니 샌더

6. "그것 자체로" 혹은 "본질적으로"를 가리키는 "in itself"를 개념으로 변주하기 위해 지젝은 줄표(-)를 이용해 다양한 단어를 제시하고 있다. 한국어 번역으로는 자연스러운 문맥을 위해 "본질", "자체" "[본질] 그 자체" 등으로 옮겨 놓겠다. ─ 옮긴이 주.

스[Bernie Sanders]에 의해 악용될 수도 있고, 부자를 보호하는 낮은 세금은 포퓰리즘을 경멸하는 (경제적) 자유주의자들에 의해 순수하게 경제적인 이유로 옹호되기도 한다).

또한 배치의 논리는 "이슬람 혐오주의에 반대하는 투쟁 및 여성의 권리 옹호 투쟁이 하나이자 동일한 투쟁이다"와 같은 좌파의 커다란 해방적 슬로건을 다룰 때도 고려될 만하다. 확실히 하나의 목표로서 그 주장들은 하나이며 동일한 것이지만, 난장판인 현실 정치에서는 두 가지가 개별적인 투쟁으로 각자 독립적일 뿐만 아니라 서로의 반대편에서 작동하는 것이기도 하다. 예들 들어 억압에 맞서는 무슬림 여성의 투쟁이라든지, 여성의 권리 주장을 전통적인 무슬림 공동체의 삶을 파괴하려는 서구적 음모로 간주해 묵살해 버리는 반식민주의 투쟁 등을 생각해 보라.

배치의 개념은 사회의 공산주의적 재조직화를 위한 핵심적 질문에 문을 열어 놓는다. 어떻게 우리는 식수와 건강, 안전 등을 조절하는 다양한 대규모의 조직들을 하나로 결합시킬 수 있을까? 여기서 우리는 배치의 관념을 에르네스토 라클라우가 제안한 등가성의 연쇄라는 관념과 연결할 수 있어야 한다. 그것은 서로 다른 타자들을 엮는 이질적 요소들의 조합 방법을 포함하는 것이다. 이것이 라클라우의 "등가적 연쇄"(가령 생태학은 아나키적인 동시에 보수적이고, 자본주의는 시장 조절 및 과세가 정당한 조치라 믿으며, 공산주의나 국가 개입주의는… 기타 등등)와 구별되는 지점은, 그러한 연쇄가 이질적 요소들을 단일한 행위로 묶는 유일한 방법이 아니라는 점에 있다. 그 같은 연쇄는 이질적 요소들을 "그들"에 맞선 "우리"의 적대적 투쟁의 일부로 묶어 주며, 이때 적대는 그 요소들을 내부로부터 횡단하는 무엇이라 할 만하다. 이것이 배치를 어떤 통합을 이루기 위해 선결적으로 주어진 요소들의 조합으로 간주해서는 안 되는 이유다. 즉 각각의 요소들은 그에 침투하는 보편적인 적대/비일관성으로서의 보편성에 의해 이미 가로질러져 있기에, 이 요소들이 특정한 배치를 형성하도록, 서로 통합되도록 밀어 붙이는 것은 바로 적대라고 할 수 있다. 따라서 자기 동일성을 저해하는 부정성을 띠는 모든 요소들에서 보편성의 차원이 이미 작동하고 있음을 보여 주는 증거가 바로 배치에 -대한 - 욕망인 셈이다. 달리 말해, 모든 요소들은 자기가 더 커다란 전체의 일부가 되는 배치를 이루고자 시도하지 않는다. 배치를 향한 요소들의 시도는 다만 그것 자신이 되기 위해, 요소들의 자기 정체성을 현실화하기 위한 것일 따름이다.

변증법적 유물론은 비유물론이다

배치와 적대 사이의 관계를 중심 화제로 다루기 전에, 우리는 하먼이 (그의 다른 화제들에 맞서) 반유물론적 태도, 또는 그 자신이 지칭하는 "비유물론"을 통해 무엇을 의미하고자 했는지 명확히 해둘 필요가 있다. 이 간략한 개요에서는 객체 지향적 존재론과 행위자 네트워크 이론, 그리고 신유물론 사이의 중요한 차이들에 관해서는 대체로 무시하고자 한다(그 차이들은 하먼에 의해 간략히 개진된 바 있다). 신유물론과 하먼의 비유물론의 대립은 만물의 지속적인 변화(흐름) 대 규범적 안정성을 갖는 간헐적 변화 사이의 대립이다. 즉 그것은 흐름의 계속성 대 고정된 정체성 및 확고한 경계성 사이의 대립인 것이다. 또한 만물의 우연성 대 만물의 비우연성 사이의 대립으로 볼 수도 있겠다. 이 같은 대립은 행위/동사대 실체/명사의 대립, 상호적 실천 대 자율적 본질의 대립, 사물의 작용 대 사물적 본질의 대립, 다양성 대 단일성의 대립, 그리고 내재성 대 초월성의 대립이라 할 만도 하다. 또한 행위자 네트워크 이론 대 객체 지향적 존재론의 대립도 여기 속하는 바, 양자는 기초 존재론을 공유하지만 모든 것이 행위자라는 이론(행위자 네트워크 이론) 대 행위는 보편적 속성이 아니라는 이론(객체 지향적 존재론)으로 나뉘어진다. 그밖에도 행위의 호혜성(행위자 네트워크 이론) 대 비호혜성(객체 지향적 존재론)이나, 관계의 대칭성 대 관계의 비대칭성 등등 기본적으로 이 대립은 생성에 관한 들뢰즈의 개념 대 (오늘날 다소간 보편적으로 수용되는 태도로서) 존재의 안정적 정체성으로의 회귀 사이에 놓여 있다. 안정적인 "본질"과 명확히 한정지어진 실체성이 생성의 생산적 흐름이 단지 일시적으로 "사물화"된 효과임을 누가 부정하겠는가? 하먼의 이론과 행위자 네트워크 이론 사이의 주요한 차이는 후자에서는 배치의 통일성이 순수하게 관계적이고, 그 구성 요소들로 환원되지 않는다는 점에 있다. 역설적이게도, 나는 하먼의 입장을 살짝 비틀어서 수용하는 편이다. "객체 지향적 존재론의 방법에 대한 열다섯 가지 잠정적 규칙" 중 첫 번째 규칙은 행위자가 아니라 대상에 대한 것으로서, "사물은 활동에 의해 창조되는 것이라기보다 활동 이전에 실존한다"는 것이다.[7] 대상의 안정적인 "본질적" 정체성에 관한 하먼의 주요한 논증은 역설적이게도 변화(의 가능성)에 있다. 만일 대상이 다른 대상과의 상호작용을 통해 완전히 외화外化된다면, 곧 현실화된

7. Harman, *Immaterialism*, p. 114.

다면, 그것의 모든 잠재성은 언제나 이미 현실화되어 있으며 거기에 변화를 위한 공간은 존재하지 않을 것이다.

오늘날, 유물론과 유물론적 입장을 식별할 수 있는 수많은 방법들이 있다. 우리는 모든 보편성에는 특수성에 연결되는 최소한의 연결고리가 있음을 주장할 수 있다. 보편성은 순수하게 추상적인 것이 아니며, 특수성에 대한 중립적인 매개체가 아니다. 그것은 언제나 특수성에 특권적으로 연결되어 있다. 헤겔은 이를 "구체적 보편성"이라 부른 바 있다. 그럼 오늘날 우리는 어디서 유물론을 찾아야 할까? 양자물리학으로 시선을 돌려보자. 유물론과 관념론의 최대 격전지가 그곳이다. 2017년 4월, 언론은 다음과 같은 보도를 냈다

과학자들은 얽힌 빛 입자의 기원에 대한 기존의 지식에 도전장을 던지는 양자역학의 새로운 메커니즘을 발견했다.

양자 얽힘은 외견상 반反직관적인 물질의 쌍이나 집합이 서로 간에 즉각적인 영향을 미치는 과정이다. 가령 지구에서 어떤 입자의 크기를 측정하면 우주 반대편에 있는 또 다른 입자가 영향을 받는다.

이스트 앵글리아 대학교UEA의 연구원들은 자발적 파라미터 하향 변환SPDC, spontaneous parametric down conversion

을 연구 중이다. 이는 얽힌 광자 쌍을 생성시키는 주요한 방법 중 하나인데, 크리스탈을 통해 광자 빔을 통과시킴으로써 얽힌 광자 쌍을 만들어 내는 것이다.

통상적으로 하나의 광자가 크리스탈로 들어가 죽으면, 두 개의 새로운 얽힌 광자가 같은 장소 즉 앞선 광자가 죽은 시간과 공간에서 태어나게 된다고 믿어져 왔다. 하지만 연구원들은 광자의 얽힌 쌍이 실제로는 크리스탈의 다른 어딘가에서 나올 수 있음을 발견했다.

"양자 이론의 표준면인 진공장에서 두 개의 새로운 광자를 연결시킬 수 있기 때문에, 두 광자가 태어나는 장소가 공통적으로 겹칠 필요는 없습니다. 우리 우주에는 통상적인 방식으로는 막을 수 없는 잔류 에너지의 배경이 있지요. 그것은 진공 요동이라 불리는 것으로, 광자가 존재하지 않을 때 빛과 연결되는 에너지입니다." 이스트 앵글리아 대학교 화학 연구실의 교수 데이비드 앤드류스가 영국 IB타임즈에 전한 내용이다.

"배경은 본질적으로 두 개의 새로운 광자가 생겨난 곳에서 결합하여 진공 요동으로부터 에너지를 빌려 옵니다. 이 두 지점을 연결시키는 것이 진공장입니다."[8]

극도로 단순화시켜 말하자면, 요점은 여기서 언급된 (얽힘이라는) 과정을 고려하기 위해서는 빈 공간에서 움직이는 (광자) 입자만 고려해서는 불충분하다는 것이다. 광자가 움직이는 공간은 그저 비어 있기만 한 진공이 아니다. 그것은 진공 요동으로 가득 차 있는 공간으로 가상적 입자들이 나타나고 지속적으로 사라지는 곳이어야 한다. 광자와 광자의 상호작용이 비어 있는 장에서 발생하는 때라 할지라도, 그것은 다른 진공 상태의 장과 상호작용을 통해서만 일어날 수 있다. 아마도 이것이 유물론의 최소치일 것이다. 현행화된 입자들의 모든 상호작용은 가상적 입자들의 진공 요동에 의해 유지된다. 그것은 절대적 공백에서는 일어나지 않는다. 여기서 흥미로운 점은 그런 상황이 우리가 기대할 법한 상황과는 정반대되는 것이란 사실이다. 유물론은 모든 비유물론적 가상성이 현행화된 물질적 입자들에 의해 유지된다는 것을 뜻하지 않는다. 그와 반대로 모든 현행적 상호작용은 진공 요동의 가상적 배경에 의해서만 유지될 수 있다.

하먼은 "비유물론"을 실체적 대상의 관념과 동일시한다. 그 자체로 실존하는 대상은 다른 대상들에 대한 관계로부터

---

8. http://www.ibtimes.co.uk/quantum-entangleme nt-new-research-discovers-potential-problem-quantum-computing-development-1615114.

독립적이다. 하먼의 생각과 달리, 그 자체로 실존하는 실체적 대상의 관념은 대개 유물론의 기초적 관념으로 여겨진다. "유물론"에 대한 우리의 상식은 현실이 관계나 파동, 진동만으로는 구성되지 않고, 다른 사물들과 관계 맺으며 상호작용하는 단단한 "무엇"으로 이루어져 있다고 한다. 파동의 매듭/상호작용으로 입자들을 해석하는 것만큼이나 비물질적 파동의 장으로 실체적 물질을 "해소"시키는 게 아니냐는 혐의를 유물론이 양자물리학에 제기하는 이유가 여기에 있다.

입자는 장에서 생겨나는 부수적 현상이다. 슈뢰딩거 장은 공간 점의 값이 해당 점에서 상호작용이 발생할 확률 진폭을 채우는 물리적 장이다. 전자電子의 장은 전자이다. 각 전자는 2-슬릿 실험에서 양쪽 슬릿 위로 확장되고, 전체 패턴에 걸쳐 퍼져 나간다.[9]

만일 우리가 "(실체적) 물질의 사라짐"을 기본 입자들이 최저 수준으로 있는 관계장에서 찾아낸다면(지금은 반쯤 폐기된 끈 이론은 명확히 이런 관점을 보여 주는데), 우리는 또한 영성의

---

9. Art Hobson, https://arxiv.org/ftp/arxiv/papers/1204/1204.4616.pdf에서 재인용.

"최고" 수준에서 그것을 발견할 수 있을 것이다. 주체에 대한 피히테Johann Gottlieb Fichte의 관념론적 정의는 주체가 그 행위와 완전히 일치하는 실체라는 점이다. 그런데 이는 비유물론적 정의다. 왜냐하면 주체는 행위인 한에서만, 그리고 그 행위에서 자신을 "정립"시킴으로써만 주체"이기" 때문이다. 더욱 폭넓은 방식으로, 헤겔은 물질적 실체와 정신적 실체의 차이를 변별하고자 했다. 그에 따르면 정신적 실체는 현실성을 갖지 않는다. 그것은 실제 구성 요소나 행위자의 부단한 행위를 통해 살아 있음을 유지하는 한에서만 잠재적인 실체이다. 예를 들어, 정치적 대의로서 공산주의는 그것을 위해 투쟁하는 공산주의자들이 있을 때만 실존한다. 공산주의는 또한 일련의 제도와 실천, (깃발 등과 같은) 물질적 대상에 있어서만 물질적인 것이다. 대의가 그와 같은 물질적 요소들에서만 실존하며 실효성을 가짐에도 불구하고, 개인과 제도가 활동하게끔 동기화하는 것은 보다 심원한 의미에서 그들의 대의라 할 수 있다. 동일한 의미에서, 유물론자에게 (또한 헤겔과 키르케고르에게) 신은 믿는 자들의 정신적이고 물질적인 실천의 효과로서만 실존하는 순수하게 관계적인 실체이고, 동시에 그들을 동기화하는 대의로서 기능한다. 이러한 관계적 위상은 실체가 완전한 (자기) 투명성을 가진다는 것을 의미하지는 않는다. 오히려 실체는 투과 불가능한 자기 본질을 갖는다. 우리는 그것의 숨겨진 파괴적 잠재력에 관해 정당하게 논쟁할 수 있다(공산주의의 기원적 이념이 어떻게 어두운 잠재력을 품게 되었고, 그것이 스탈린주의로 폭발해 버렸는지에 대한 정당성 문제를 회상해 보라). 이러한 본질의 지위는 매우 흥미롭다. 문제의 실체("공산주의")가 순수하게 관계적임에도 불구하고, 이는 우리가 그것을 "실제로 실존하는" 사람들 또는 그들이 행하는 물질적 실천의 수동적 효과로 환원시킬 수 있음을 뜻하진 않는다. 관계적 실체는 자기 본질을 그것의 은폐된 측면으로서 갖기 때문이다. 그것은 안정적인 실체이지만 안정성과 변화가 우발적으로 일치하는 한에서의 실체성인 것이다. 이러한 안정성은 부단한 변화와 그 행위 요소들의 활동에 의해서 유지된다. 만일 그 같은 활동이 중단된다면, 대의 자체가 해체되어 버릴 것이다.

전통적 우주론에서 규범적 구조들은 대상적 사실로서 전제되어 왔다. 반면 근대의 소외론에서 규범적 구조들은 주관적 태도의 표현으로 축소되었다. "화해"는 그 두 측면이 상호작용과 상호의존으로 지각될 때 이루어진다. 규범적 실체 그 자체는 존재하지 않는다. 규범적 구조들은 그것에 종사하는 개인들의 지속적인 상호작용을 통해서만 실존하게 된다. 하지만 이 상호작용의 필연적 결과는 장-피에르 뒤피Jean-Pierre Dupuy가 상징적 구조의 "자기 초월성"이라 불렀던 것이다. 규범적 체계가 작동하기 위해서는 그것이 자율적인 것으로 지각되어야 하며, 그런 점에서 "소외된" 것으로서 여겨지게 된다. 다소 병리적인 예를 하나 들어보자. 일단의 사람들이 공산주의를 위해 투쟁할 때, 그들은 물론 이 이념이 그들이 참여함으로써만 실존하게 된다는 것을 알고 있다. 이러한 앎에도 불구하고, 그들은 공산주의가 자기들의 삶을 규정하는 초월적 실체인 듯 행동하며, 심지어 자신들의 목숨마저 기꺼이 바치고자 한다. 우리는 여기서 다음과 같은 점을 지적해야 한다. 헤겔에게 소외는 정확히 말해 객관적이고 규범적인 구조를 주관적 활동의 표현/생산물인 것처럼 여기게 만드는 관점이라는 사실이 그것이다. 규범적 구조는 "물화"되고 "소외된" 효과로서 나타난다. 달리 말해, 헤겔에게 소외의 극복은 규범적 구조들을 자율성의 환상으로 해소시키는 행위가 아니라 그 "소외"를 필연적인 것으로서 받아들이는 행위를 뜻한다. "정신적 실체"란 "대타자"에 대한 헤겔적 명명이며, "대타자"의 환상이 상징적 질서의 기능에 필연적이란 점에서 우리는 이 [대타자라는 환상의] 차원을 기각하려는 거짓-유물론을 거부해야 한다. 대타자는 실효적으로 작동하며, 현실 사회적 과정을 규정지음으로써 그 효과를 행사한다. 부재에도 불구하고가 아니라 그것이 실존하지 않기 때문에, 오직 실존하지 않는 잠재적 질서만이 그러한 과제를 수행할 수 있다. 그러므로 우리는 "자기 초월성"의 모든 구조를 "자기 소외"나 "사물화"의 사례로서 기각하려는 유혹에 저항해야 한다(체계는 주체의 참여와 계속적 활동에 의해 지탱됨에도 불구하고, 주체에게는 [필연적으로] 자신의 활동과는 무관하게 실존하는 고정된 실체로서 간주된다). 하먼은 통합동인도회사VOC를 그와 같은 잠재적 실체로 분석했다. 그것은 행위자의 활동을 통해 또 오직 그것으로써만 실존한다는 점에서 잠재적일 뿐만 아니라, 그 자체의 고유한 행위자를 갖고 있다는 점에서도 잠재적 실체였다는 것이다.[10] 그럼 자본은 어떠한가? 그것은 순수하게 관계적인 잠재적 실체이지만, 동시에 자기 생산적인 행위자

10. 네덜란드 동인도 회사Vereenigde Oostindische Compagnie는 1602년 설립된 세계 최초의 주식회사이자 다국적 기업이다. 17세기 네덜란드의 세계 항로 지배를 재정적으로 뒷받침했지만, 동시에 아프리카와 아시아에 대한 식민 착취의 선봉장 노릇을 함으로써 제국주의의 초석을 다졌다. 이 회사의 역사적 배경에는 에스파냐로부터 네덜란드의 독립전쟁1568~1648이 있었던 바, 유럽인의 자유와 인간성 옹호라는 숭고한 가치가 네덜란드 국가 이념으로 널리 설파되던 시기였다. 하지만 그 같은 국가가 가장 비인도적이고 억압적인 자본주의 경영 논리를 앞세운 회사를 설립함으로써 역설적인 자기모순을 낳고 말았다. 요컨대 자유 네덜란드의 이념은 억압을 거부하지만, 그것이 작동하기 위해서는 은밀하게 억압을 도입해야 했다는 뜻이다. ― 옮긴이 주.

로서 활동하는 실체가 아닌가?

뒤피가 끌어들인 가장 중요한 사례는 시장이다. 우리는 상품의 가격이 시장에 참여한 수백만 명의 상호작용에 의존한다는 점을 잘 알고 있다. 각각의 개별적 참여자들은 가격을 객관적으로 부과된 독립적인 가치로 다룬다. 이 시장이야말로 라캉이 대타자, 즉 상징적 질서라고 부른 것의 진정한 사례가 아닌가? 비록 그 질서가 거기에 참여하는 주체들의 상호작용으로부터 독립적인 객관적 실존을 갖고 있지는 않더라도, 각각의 주체는 이 질서를 개별자들을 규정짓는 객관적 실체인 것처럼 여김으로써 최소한의 "사물화"나 "소외"를 달성해야만 한다. 이는 병리적인 게 아니다. 그 "소외"는 정상성의 진정한 척도, 다시 말해 언어에 각인된 정상적 규범성의 척도라 할 수 있다. 우리가 진정 규범에 복종하기 위해서는, 가령 공공장소에서 침을 뱉지 말라는 규범에 복종하기 위해서는, 우리 자신에게 "대부분의 사람들이 공공장소에서 침을 뱉지 않는다"라고 말하는 것만으로는 부족하다. 한 걸음 더 나아가 이렇게 말해야 한다. "어떤 사람이든 공공장소에서 침을 뱉어서는 안 된다!" 개인들의 단순한 다수성은 최소한의 "사물화된" 익명적 비인칭으로서의 "사람"으로 대체되어야 한다.

이상적 대의에 숨겨진 잠재성의 좋은 사례는 "인권"에서도 찾아볼 수 있다. 인권이 처음 제기되었을 때, 그것은 실상 재산을 가진 백인 남성들에 제한된 것이었다. 그러나 인권은 곧 고유의 동학을 획득하게 되었으며, 여성과 아이, 흑인, 노예 등으로 확대되어 갔다. 스피노자가 능력과 권리의 동등성이란 점에서 숙명적으로 협소한 관점을 지니게 되었던 이유가 여기에 있다. 그에 따르면 정의justice는 모든 실체가 자유롭게 그 타고난 잠재적 능력을 사용할 있음을 뜻한다. 즉 나에게 허락된 정의의 총량은 나의 능력과 동등하다는 것이다. 스피노자 철학의 궁극적 핵심은 반율법주의에 있는 바, 가령 정치적 무능력은 힘들이 맺는 구체적이고 미분적인 네트워크 및 관계를 고려하지 않은 채 추상적 법을 참조할 때 생겨난다. 스피노자에게 "권리"란 언제나 "할 수 있는" 권리이고, 자신의 본성에 따라 사물에 행위를 취할 수 있음을 가리킨다. 그것은 사물을 "가질" (사법적) 권리, 곧 소유할 권리가 아닌 것이다. 『정치학 논고』*Tractatus Politicus*의 마지막 장들에서 스피노자는 여성의 "본성적" 열등성에 관한 주요 논변을 펼치는데, 권리와 능력의 동등성은 정확히 여기서 드러난다.

여성이 그 본성에서 남성과 동등하고, 인간의 힘과 따라서 그 권리가 놓여 있다고 할 수 있는 인격적 강인함이나 정신적 능력에서 동등하거나 비슷하다고 한다면, 그렇게 많은 민족 가운데 양성이 공동으로 지배한다든가 혹은 여성이 남성을 지배하고, 교육에 힘입어 정신적으로 여성보다 남성이 뒤떨어진 민족이 몇 개 정도는 있어야 할 것이다. 그러나 실제로는 어디에서도 그렇지 않으므로 우리는 다음과 같이 확실하고 분명하게 주장하게 된다. 여성은 본성적으로 남성과 동등한 권리를 가지지 못한다.[11]

여기서 하먼은 옳았다. 스피노자의 관점에서 볼 때, [남성과는] 다르게 행위할 수 있는 여성의 잠재성은 남성들에 비해 열등한 게 아니라 사라져 버린 것이다. 스피노자는 여성을 사회적 관계의 현실로 환원시켜 버린 셈인데, 그와 같은 사회적 관계야말로 (또는, 차라리 스피노자의 시대에는) 여성들이 남성들에게 종속되어 있는 장소였다.

---

11. Benedict de Spinoza, *A Theologico-Political Treatise and A Political Treatise* (New York: Dover Publications 1951), p. 387 [『신학정치론·정치학 논고』, 최형익 옮김, 비르투, 2011, 518쪽].

적대에 의해 가로질러진 다이어그램

상호작용의 동학을 넘어서는 정체성의 잉여는 대상이 갖는 안정적인 내적 핵심을 지정하지 못한다. 그것은 현실을 넘어서는 가상적 잠재성의 잉여로서 마누엘 데란다가 대상의 다이어그램이라 불렀던 것에서 등장하는 잉여이다. 따라서 우리는 생성의 과정을 결박시키는 모든 정체성의 고정이 나타나는 현실의 "역동적" 이미지를 완전히 거부해야 한다. 현실은 생성의 흐름을 순간적으로 정박시키는 경계짓기가 나타나는 곳이기 때문이다. 게다가 "안정성"이란 불가능한 실재, 빗금친 일자—▲의 적대, 끊임없이 활동을 촉진시키는 교착 상태가 안정적으로 나타나는 가상적 지점이다. 또한, 우리가 스스로의 본질로 인해 행동하는 것이지 그 반대는 아니라는 가정은 은총과 예정에 관한 프로테스탄트 독트린의 반향이자, 아슬아슬하게 유지되는 동학을 가능하게 만드는 "정적靜的" 관점이란 점도 지적해 두자. 모차르트의 오페라 《후궁으로부터의 유괴》The Abduction from the Seraglio; Die Entführung aus dem Serail, 1782에 나오는 콘스탄체의 아리아는 두 부분으로 구성되어 있다. 오케스트라의 간주가 끝난 후, 그 중 하나는 "어떤 고문이 기다린다 해도 내 마음은 변하지 않으리"Martern aller Arten라는 아리아에서 절정에 도달한다(2막, 10~11번). 드라마적 강렬도라는 점에서는 로코코 노래극에는 완전히 어울리지 않는 장면인데, 섬뜩하게도 모차르트가 바그너를 예고하고 있는 곳이 여기다. 전前 바그너적 관점에서 볼 때, 두 아리아의 이상스러운 결합은 의심할 여지없이 드라마 뮤지컬의 약점이다. 하지만 바그너적 척도에서 본다면, 이 "약점"은 진정한 바그너적 드라마의 강렬함을 드러내는 것으로 읽을 만하다. 다시 말해, 그것은 우리가 아리아에 대해 상정하는 다이아그램에 의존해 있다.

배치의 이론이 개인을 보편/특수/개별의 표준적인 아리스토텔레스식 삼위일체의 바깥으로 사유한다면, 그것은 어떻게 개별 실체의 규칙성과 안정성을 설명할 수 있을까? 아리스토텔레스의 존재론에서 종種과 유類가 수행하는 역할을 완수하기 위해서는 무엇인가가 첨가되어야 한다. 이 규칙성은 "배치에 다이아그램이 덧붙여짐으로써, 즉 특이성들에 의해 구조화된 성질과 연결된 가능성의 공간을 설정함으로써 설명될 수 있다."[12] 배치의 유 대신에, 우리는 "다이아그램을 구성하는 잠재적인 구조의 공간을" 필요로 한다. 동물의 경우,

12. Manuel DeLanda, *Assemblage Theory* (Edinburgh: Edinburgh University Press 2016), p. 142.

"이는 세계에 서식하는 다양한 종의 복수성으로 펼쳐지고 전개되는 위상학적 동물의 적합한 개념화를 포함하"거나,[13] 혹은 들뢰즈와 가타리를 인용하자면 "어떤 동물을 현실화하는 모든 배치들에 대해서 하나의 동물만이 존재한다."

두족류와 척추동물에 대해서도 하나의 일관성의 평면 혹은 구성의 평면이 존재한다. 척추동물이 문어나 오징어가 되기 위해서는 자기 등의 절반을 이루는 요소들을 접합시킬 수 있을 정도로만, 골반을 목덜미에 접근시키고 사지를 신체의 어느 한쪽 끝에 모을 수 있을 정도로 빨리 구부릴 수 있으면 충분하다.[14]

이와 같은 위상학적 변환은 "물론, 성체에서는 수행될 수 없다. 오직 동물의 배아만이 이를 감당할 정도로 유연하다."[15] 그래서 여기서는 우리는 단 하나의 동물이라는 추상적 보편

13. DeLanda, *Assemblage Theory*, p. 151.
14. Gilles Deleuze and Félix Guattari, *A Thousand Plateaus* (Minneapolis: Minnesota University Press 1987), p. 155[『천의 고원 II』, 이진경 · 권혜원 옮김, 연구공간 '너머' 자료실, 2000, 29쪽; 『천 개의 고원』, 김재인 옮김, 2001, 484쪽].
15. DeLanda, *Assemblage Theory*, p. 151.

성이 아니라 (레비-스트로스식의) 무시간적 구조와는 다른, 모든 변이와 순열의 매트릭스를 얻게 된다. 그것은 개체화−생성의 다이어그램이며, 모든 가능한 생성적 과정의 다이어그램이다. 배치의 다이어그램은 그 초월론적 차원인 바, 들뢰즈적 의미에서도 그러하다. (특이성과 그 다이어그램, 초월론적 틀 사이의 구별이라는) 이러한 추상적 수준에서 우리는 혁명을 초월론적 변화라고 정의내릴 수 있겠다. 혁명을 통해 특이성의 잠재적 배경이 변형되고, 불가능했던 것이 가능한 것으로 변환되기 때문이다. 혁명에서는 그 무엇도 "실제로 변화할" 필요가 없다. 영화 〈니노치카〉*Ninotchka*, 에른스트 루비치 감독, 1939를 예거해 보자. 커피 한 잔이 문제다. 혁명은 우유 없는 커피 한 잔에서 크림 없는 커피 한 잔으로 변화가 일어나는 시간이다.[16] 동일한 방식으로 에로티시즘에 대해 말하자면, 훌륭한 연인은 성적 쾌락의 새로운 "가능성"을 당신에게서 이끌어 낼 수도 있을 것이다. 설령 그 가능성에 대

---

16. 〈니노치카〉의 주인공은 커피를 마시기 위해 카페에서 크림을 뺀 커피를 주문한다. 그러자 웨이터가 지금 크림이 다 떨어졌고 신선한 우유만 있는데 우유를 뺀 커피면 되겠느냐고 묻게 된다. 얼토당토 않은 동문서답처럼 보이는 이 장면은 사물의 본질이란 그것의 가시적인 부분이 아니라 비가시적인 것, 지금-여기에 부재하고 결여된 것이란 사실을 드러낸다. 요컨대 우리는 없는 것을 통해 있는 것을 규정짓고 정체화하는 것이다. ─ 옮긴이 주.

해 당신이 모르고 있다 해도, 그/그녀는 당신으로부터 그러한 가능성을 볼 수 있다. 이 가능성은 발견되기 이전부터 거기에 존재하던 순수한 본질 같은 게 아니다. 그것은 다른 것(연인/타자)과 맺는 관계를 통해 생성되는 어떤 무엇이다. 동일한 논리가 "당신을 믿는" 훌륭한 교사/지도자에게도 나타나는데, 똑같은 방식으로 예상치 못한 당신의 잠재성을 발전시켜 주는 것이다. 그런 잠재성이 발견되기 이전부터 당신 안에서 본질처럼 이미 잠복해 있었다고 말하는 것은 너무 단순한 이야기다. 내가 그레이엄 하먼에게 동의하지 못하는 부분이 바로 여기다. 그 자체로 존재하는 대상, 다른 것/타자와 맺는 현행적 관계 및 상호작용을 넘어서 있는, 그 자체로 존재하는 대상은 다른 것들에 대한 관계에 독립적으로 내재해 있는 게 아니다. 오히려 그것은 타자에 대한 관계에 의존적이다. 커피 한 잔이 우유와 관계를 맺는다는 것은, 우유 없는 커피가 그 다이어그램의 일부가 된다는 것, 우유의 "인접한 실패"라는 뜻이다.

하먼이 실패가 정체성에 접근하는 핵심이 되는지를 강조한 것은 옳았다. 사물의 본질은 잠재적 차원에 기입되어 있는 실패에 있다. 그는 규칙 4에 이렇게 적었다. "대상은 그 성공에 의해서보다는 인접한 실패에 의해 더 잘 인식된다." 인접한 실패는 "이웃한 실패로서 미리 내려진 결론이 아니"며, "끝없는 반反사실적 추론—전부가 무가치하진 않지만—에 연료를 공급하는 '유령적' 대상을 생성시킨"다.[17] 대상의 정체성, 그 본질은 다이어그램에 있으며, 다이어그램의 잠재성 가운데 오직 소수만이 현행화된다. 하지만 이로부터 한 걸음 더 나아간 구별을 도입해야 한다. 즉 우리는 실패한 것들 (혹은 현행화되지 않은 잠재력) 중에서 우연하게 현행화되지 않은 것과 우연히 현행화되진 않았으나 문제가 된 대상의 정체성 형성에는 본질적인 것을 구분해야 한다. 무엇인가가 발생할 수도 있었으나 실제로 발생했더라면 대상의 정체성은 파괴되었을 것이라는 게 핵심이다. 데란다의 "다이어그램" 개념(배치 대상의 모든 가능한 변이체들의 매트릭스, 그것의 잠재적인 반향)은 확실히 수정되어야 한다. 어떤 변이체들은 가능성으로 남아 있는 반면, 다른 어떤 변이체들은 현행화된다고 말하는 것으로는 불충분하다. 어떤 변이체들은 본질적으로 실현되지 않는다. 즉 그것들은 가능적인 것임에도 불구하고, 단지 가능성으로만 남을 뿐이다. 만일 그것들이 우연히 현행화된다면, 다이어그램의 전체 구조는 와해되어 버릴 수도 있다. 구조의 불가능성, 실재의 이 지점을 식별해 내는 데 결정적

17. Harman, *Immaterialism*, pp. 116~117.

인 중요성이 있다. 오늘날의 자본주의를 전 지구적 체계라고 가정해 보자. 자본주의 헤게모니는 자유롭고 실용적인 아이디어로 유지되며, 우리는 점진적인 방식으로 문제들을 하나하나 해결해 간다("르완다에서 지금 사람들이 죽어 가고 있다. 그러니 반제국주의적 투쟁일랑 잊어버리자. 지금은 그저 르완다의 학살을 저지하도록 하자" 또는 "전 지구적 자본주의 질서의 붕괴를 기다리느니 지금 여기서 가난과 인종주의에 맞서 싸우도록 하자"). 존 카푸토는 이렇게 썼다.

만일 미국의 극좌적 정치인들이 보편적 의료 서비스를 제시함으로써, 또 개선된 국세청 규정을 통해 더욱 공정하게 부를 효과적으로 재분배함으로써, 또 자금 조달을 효율적으로 제한함으로써, 또 모든 유권자들에게 참정권을 부여함으로써, 또 이주 노동자들을 인간적으로 처우함으로써, 또 국제 사회의 범위에서 미국의 힘을 증진시키는 방향으로 다자간 외교 정책을 수립함으로써 등등 긴요하고도 광범위한 개혁을 통해 자본주의에 개입할 수 있다면 얼마나 행복하겠는가… 자본이라 불리는 괴물이 여전히 우리를 못살게 굴고 있다고 바디우와 지젝이 불평을 늘어놓은 모든 과제를 해결한 후에, 나는 하품을 하면서

그 괴물에게 인사를 건네고 싶다.[18]

카푸토의 결론이 문제는 아니다. 만일 누군가 자본주의 내부의 모든 문제를 해결했다면, 거기에 남아 있지 않을 이유가 어디 있겠는가? 현재 전 지구적 자본주의의 좌표 내에 있는 모든 것이 해결 가능하다고 강조되어 있는 "유토피아적" 전제야말로 문제다. 만일 카푸토에 의해 열거된 자본주의의 특수한 오작동들이 우연한 방해물이 아니라 구조적 필연성이라면 어쩔 것인가? 만약 카푸토의 꿈이 아무런 증상도 없고, "억압된 진리"가 드러나는 결정적 지점도 없는 보편성의 꿈(보편적 자본주의 질서)에 불과하다면 어쩔 것인가?

적대와 보편성

해방을 위한 보편적 투쟁을 삶의 다양한 방식들과 연결시키려는 과정에서 우리는 동일한 문제에 맞닥뜨린다. 가령 그 무엇도 운에 맡겨져서는 안 된다. 가장 자명한 일반적 관념조차도 그렇게 할 수 없다. 좌파 자유주의자들은 "생활 양식

---

18. John Caputo and Gianni Vattimo, *After the Death of God* (New York: Columbia University Press 2007), pp. 124~125.

way of life"이라는 관념 자체를 (물론, 그것이 주변적 소수자들에 연결되지 않는 한에서) 수상쩍게 바라본다. 마치 그것이 원형 파시스트적 해독을 감추기라도 한 것처럼 수상해하는 것이다. 이러한 의혹에 맞서 우리는 그 용어를 라캉적 관점에서 받아들여야 한다. 그것을 주이상스jouissance라는, 모든 문화적 특징들을 넘어서 실재의 중핵으로 향하는 무엇인가로서 수용해야 하는 것이다. "생활 양식"은 궁극적으로 특정한 공동체가 자신의 주이상스를 조직해 내는 방식이다. "통합"이 그렇게 민감한 이슈가 되는 이유가 여기에 있다. 한 집단이 더 큰 집단으로 "통합될" 압력에 직면했을 때, 그 집단은 종종 공포감에 휩싸여 고유한 주이상스의 양식을 상실하는 데 대해 저항하곤 한다. 생활 양식은 음식이나 음악, 춤, 사회생활 등의 의례를 망라하는 것만이 아니다. 오히려 그것은 무엇보다도 관습, 성문법이나 불문법을 막론한 규칙들, 성생활(짝짓기와 결혼의 포괄적 규칙들), 사회적 위계(어른에 대한 존경 등)의 의례들도 포함하고 있다. 예를 들어 인도에서 몇몇 탈식민주의 이론가들은 특정 생활 양식의 특별한 일부로서 카스트 제도를 옹호하기조차 하는데, 그것이 전 지구적 개인주의의 맹공에 대항하는 저항이 되기 때문이라는 것이다.

이 같은 문제를 해결하기 위해 선호되는 관점은 다양하고 특수한 생활 양식들을 통합하는 세계에 대한 비전이다. 그와 같은 세계에서 각각의 생활 양식은 다른 생활 양식들에 대한 적대 없이도 자신의 차이를 주장하고, 타자를 희생시키지 않으면서도 전체 사회의 부에 기여하는 방식으로 창조력을 긍정적으로 드러낼 것이다. 그러나 어떤 인종 집단이 (대개 서구적인) 지배 문화의 생활 양식에 "통합"되도록 압력을 받음으로써 자기 정체성을 창조적으로 표현/생산하는 것을 저지당할 때, 그 집단은 부정적인 차이로 후퇴하면서 반발하지 않을 수 없게 된다. 즉 폭력적 방식에 대한 의지를 포함하여, 퇴행적이지만 순수한 근본주의로 물러나 지배 문화와 투쟁을 벌이는 것이다. 요컨대 근본주의적 폭력은 지배 문화에 책임이 있는 [특수 집단의] 반발이라 할 수 있다.

통합된 세계에 기여하는 방식으로 특수 정체성들의 창조적 차이를 제공하라는 비전, 그것은 "통합되어야 한다"는 폭력적 압박을 통해 소수성에게 가해지는 위협이다. 바꿔 말해, 서구적 생활 양식의 비전은 모두에게 표준적인 것으로 부과된 그릇된 보편성이기에 전적으로 거부되어야 한다. 우리가 살고 있는 세계는 하나다. 하지만 그것은 전 지구적 자본주의의 심장부에 기입된 것과 동일한 적대에 의해 가로질러져 있기에(바로 그 이유로 결합될 수도 있는) 하나인 것이다. 보편성이 특수한 정체성에 연결되지 않는 것은 아니다. 보편성은 중립적인 담지자가 아니라 모든 각각의 생활 양식으로부터 연원한 적대 자체이다. 모든 해방적 투쟁은 이러한 적대에 의해 중층결정되어 있다. 착취, 위계의 불문법적 규칙들, 동성애 혐오, 남성 지배 등은 그와 같은 투쟁이 발생하는 생활 양식을 구성하는 핵심 요소들이다. 중국과 티베트 사이의 굉장히 민감한 사례를 들어보자. 티베트에 대한 중국의 야만적인 식민화는 분명 사실이다. 하지만 이것이 우리로 하여금 1949년 이전, 또는 1959년 이전의 티베트가 어떤 나라였는지에 대해 눈감게 해주지는 않는다. 즉 삶의 모든 것을 규제했던 극단적으로 가혹한 봉건적 위계 사회였던 티베트에 관해 우리는 못 본 척할 수 없다. 1950년대 후반, 중국 정부가 티베트의 생활 양식을 다소간 아직 용인하고 있을 때, 한 촌민이 자신이 속한 봉건 영주의 허락을 받지 않은 채 이웃 마을의 친척을 방문하게 되었다. 그는 체포되었고, 잔혹한 처벌이 내려지기 직전에 인근의 중국군 수비대로 도망가 버렸다. 이에 관해 알게 된 영주는 중국인들이 티베트인들의 생활 방식에 제멋대로 개입하고 있다고 불평했다. 그가 옳았다! 아니면 중국인들이 어떻게 했어야 한다는 말인가? 지난 반세기 이전부터 낯선 변화를 겪어 온 티베트의 전통적 관습에서도 유사한 사례가 발견된다.

문화혁명이 진행되는 동안, 만일 지주가 길가에서 해방된 노예를 만나게 되면 그는 멀찍이서 길 한쪽으로 물러나야 했다. 또한 소매를 어깨에 감고, 허리를 굽힌 채 혀는 내밀고. 하위 계급이 상위 계급에게 표시하던 공손함의 표시를 보여야 했다. 지주는 예전의 노예가 완전히 지나가고 나서야 자신의 길을 계속 갈 수 있었다. 이제 세상은 [다시] 거꾸로 뒤집어졌다. 예전의 노예가 길의 한쪽 편에 서고, 허리를 숙인 채 혀를 내밀게 되었다. 예전 주인을 위해 길을 만들면서. [이러한 세상의 반전은] 미묘한 과정이었다. 완전히 자발적이고, 그 누구에 의해 부과되거나 설명된 적도 없었다.[19]

요컨대 과거의 노예는 덩샤오핑鄧小平의 "개혁"과 더불어 다시 한 번 사회의 밑바닥으로 굴러 떨어졌음을 어떻게든 감지해 버린 것이다. 이 같은 변화가 보여 주는 사회적 위계의 재분배보다 더욱 흥미로운 점은, 과거와 똑같은 전통적 의례

19. Wang Lixiong and Tsering Shakya, *The Struggle for Tibet* (London: Verso Books 2009), p. 77.

가 그토록 엄청난 사회적 격변으로부터도 살아남았다는 사실이다. 티베트 사회에 대한 환상을 불식시키기 위해 이 관습의 혐오스러운 본성에 주목하는 것만으로는 부족하다. 한쪽으로 물러서 절을 하는 것도 모자라—상처에 모욕감을 덧붙이기 위해—예속된 개인은 굴욕적인 어리석음의 표현을 자신의 얼굴에 역력히 드러내야 한다. 혀를 쭉 빼내고 눈은 위를 향한 채 입을 벌려서 만드는 이 그로테스크할 만큼 찡그린 표정은 자신의 쓸모없는 어리석음을 표시하기 위한 것이다. 중요한 점은 이 같은 관행의 폭력성을 인지하는 데 있다. 문화적 차이를 빌미로 무시되어서는 안 되는 폭력성, 타자를 존중한다는 명분으로 무시될 수 없는 폭력성을 인식해야 한다. 다시 말해 보자. 이러한 경우들에서 타인의 생활 양식에 대한 존중이 그 한계에 도달하는 곳은 어디인가? 우리자신의 기준을 들이밀면서 바깥으로부터 개입하는 방식으로는 안 될 것이다. 하지만 다른 문화권에서 내부로부터 억압적 관습에 저항하는 사람들을 무조건 지원해 주는 것은 모든 해방 투사들의 의무가 아닌가?

반식민주의자들은 대개 식민주의자들이 자기들의 문화를 보편적이라며 강제한다는 것, 그로써 토착적 생활 양식을 흔들어 놓는다는 점을 강조하곤 했다. 그럼 식민 지배를 더욱 효과적으로 만들기 위해 지역적 전통을 강화하는 방식으로 진행되는 정반대의 전략은 어떤가? 영국의 인도 식민지 정부는 『마누법전』*The Laws of Manu*, 즉 카스트 체계의 상세한 자기 정당화 매뉴얼을 특권적인 텍스트로서 승격시킨 적이 있다. 그리고 이는 인도에 대한 가장 효과적인 지배를 가능케 한 합법적 규정들을 설정하는 근거가 되었다. 어쩌면 누군가는 『마누법전』이 힌두 전통에 대한 일정 정도의 소급적 문서화에 불과하다고 말할지 모르지만. 더욱 미묘한 사례를 든다면, 이스라엘 정부가 요르단 서안에서도 똑같은 짓을 벌였다는 사실이다. 이스라엘은 자기들을 정말로 위협하는 것은 독실한 무슬림 전통주의자들이 아니라 현대의 팔레스타인인들이라는 점을 정확히 알기에 [무슬림 전통주의자들의] "명예살인"을 묵인해 버렸다(혹은 최소한 진지하게 조사하지 않았다). 난민들뿐만 아니라 전통적 공동체의 모든 구성원들이 배워야 할 교훈은 차라리 다음과 같다. 문화적 신新식민주의에 역습을 가하기 위해서는 전통 문화를 보호하기 위해 저항하는 게 아니라, 더욱 급진적으로 근대성을 재발명해야 한다는 것. 말콤 엑스Malcolm X가 대단히 잘 인식하고 있던 게 바로 이것이었다.

많은 탈식민주의 연구에서 보편성이 주요 주제가 되는 이

유는 앞서 언급한 미숙성 때문이다. 라메쉬 스리니바산의 책
『누구의 지구촌인가?』*Whose Global Village?*는 디지털 기술을
"탈식민화"하려는 노력을 보여 주는 대표작이다.[20] 이 작품
은 그 정확한 반대편, 즉 모든 존재론의 급진적 역사화를 표
지하기 위해 "존재론"이라는 용어에 이상한 방식으로 (문자
그대로 "섬뜩하게") 의존한다. 즉 모든 존재론(현실에 대한 관
점)은 역사적으로 특수한 기호학적 실천의 효과라는 것이다.
왜 존재론이란 단어를 선택했는가? 스리니바산에게 디지털
테크놀로지는 문화들 사이에서 교환되는 보편중립적인 기
술적 틀이 아니다. 왜냐하면 그것은 특정한 문화 즉 서구 문
화를 특권화함으로써, 컴퓨터 문해력을 확장시키고 모든 사
람들을 디지털화된 "지구촌"에 포함시키려는 시혜적 노력조
차도 은밀하게 식민화를 유지시키는 장치로 만들어 버리기
때문이다. 그로써 서구적 근대성으로 서발턴Subaltern의 통합
이 가속화되고, 서발턴의 문화적 특수성은 억압된다. "존재
론"을 통해 스리니바산이 뜻하는 바는 현실에 대한 우리의
지식이 현실을 거울처럼 반영하는 게 아니라, 특수한 공동체

20. Ramesh Srinivasan, *Whose Global Village? Rethinking How Technology
   Shapes Our World* (New York: New York University Press 2017). 이 책의 인
   용은 본문에서 괄호 속에 쪽수만 표시하겠다.

와 그 문화적 관행 속에 언제나 정초되어 있다는 사실이다. "어떻게 지식이 문화적으로 표명되는지를 고려하기 위해 나는 존재론이라는 개념을 가지고 작업한다"(34쪽). 다른 곳에서는 존 로John Law를 인용하며 이렇게 말한다. "대상, 실체, 행위자, 절차, 이 모든 것들은 기호학적 효과다"(36쪽). 스리니바산은 공동체 자체는 "다면적이고 다양하다"고 짧게 언급한다. 하지만 이를 모든 공동체를 가로지르는 적대의 관념으로 발전시키는 대신, 전 지구적 상대주의와 모든 관점의 편파성으로 희석시켜 버린다.

유동적 존재론이 편파적이란 점을 인지하는 것. 존재론이 공동체의 구성원 집단에 의해 발생한다는 단순한 사실로 인해 그들의 선택이 자신들이 대의한다고 주장하는 공동체의 모든 다른 성원들을 완벽히 반영한다는 뜻은 아니다. 심지어 그들 자신조차도 전적으로 대의하지 못한다. 모든 공동체는 다양하고 다면적이다. 이런 특성은 장애물이 되지 않으며, 그 복합성은 어떠한 존재론으로도 총체화되지 않는다는 소박한 앎에 의해 수용된다(137쪽).

이로부터는 우리는 문제의 가장 쟁점적인 측면, 즉 "존재

론"이라는 용어에 대한 스리니바산의 용법으로 나아가게 된
다. 현실에 대한 그의 비전이 갖는 기초 존재론적 통일성은
삶의 실천을 통해 현실에 대한 자기의 비전을 형성하는 공동
체들로 이루어져 있다. 이러한 공동체들은 출발점이며, "공
동체의 한계를 뛰어넘는 대화들"이 다음으로 온다. 우리가
그런 대화를 실천할 때는 언제나 특수한 공동체의 진정어린
목소리를 존중하도록 주의해야 한다. "지구촌"이라는 대중
적 관념의 덫이 거기에 있다. 즉 비서구 공동체들에 대해 그
들 고유의 것이 아닌 것을 [전통 문화라고] 전제해 버리는 것
이다. 그렇게 문화적 식민주의가 실행된다.

다른 민족, 문화, 공동체에 대해 자신의 방식대로 배우
는 것이 중요한 한편으로, 우리는 테크놀로지에 대한 지
역적이고 문화적이며, 토착적인 공동체 기반의 창조적
사용을 존중해야 한다. 공동체의 한계를 뛰어넘는 대화
들은 그 참여자들의 목소리가 진정 존중받을 때만 출현
할 수 있다. 이러한 전망에서 "지구촌"은 해결책이기보다
문제거리이다. 우리는 세계시민주의의 서구적 개념에서
묘사된 테크놀로지와 문화에 대한 전제/가정을 거부해야
한다(209쪽).

이것이 스리니바산이 에단 주커만Ethan Zuckerman을 비판한 이유다. 그에 따르면 주커만은 "기후 변화와 같이 오늘날 직면한 수많은 도전들이 전 지구적 대화와 문화 교차적인 인식을 요구한다고 말했던 점에서 옳았다. 그러나 모든 도전들이 전 지구적인 것은 아니며, 민중의 전통과 지식, 투쟁, 정체성에 관해 전 지구적으로 생각하는 것은 의도치 않게 민중을 권력 통제적 위치로부터 배제시켜 버릴 수도 있다"는 것이다(213쪽). 다시 말해, 전 지구적 관점은 엄격하게 부차적이다. 가장 먼저 마주치는 것은 특수한 "존재론들"을 가진 지역 공동체의 다양성이다. 심지어 전 지구적 업적을 쌓은 현대 과학조차 특권화될 권리를 갖지 못한 수많은 지식 실천의 하나로서 역사적으로는 상대화된다. 스리니바산은 보아벤투라 드 수사 산토스Boaventura de Sousa Santos의 입장에 동의하며 그를 인용하는데, 산토스는 "17세기 이래로 현대 과학에 부여된 인식론적 특권은 서구 우월주의를 강화시킨 기술 혁명을 가능하게 했음과 동시에, 다른 비과학적 형식들과 지식들을 억눌러 버린 도구로 기능했다… 지금은 더욱 민주적이고 공정한 사회를 건설하여… 지식과 권력을 탈식민해야 할 때다"라고 주장한 바 있다(224쪽).

문화적 다양성의 "유동적 존재론"이 모든 지식을 역사화하고, 전근대 사회와는 무관하게 나타난 전형적인 서구 포스트모더니즘에 불과하다고 지적하기는 쉬운 일이다. 그러나 더 중요한 점은 보편성에 대한 시리니바산의 거부(특수 문화/공동체들의 존재론적 우위)와 특수한 공동체들을 구성하는 내적 적대에 대한 그의 무지 사이의 연결고리이다. 이는 동일한 오인의 두 가지 측면인데, 보편성은 특수한 문화들 위로 들어올려진 중립적 틀이 아니라 그런 문화들에 기입되어 있으며, 내적 적대와 비일관성, 파열적인 부정성을 가장한 채 작동하는 것이기 때문이다. 모든 특수한 생활 양식은 정치-이데올로기적 형성체로서, 그것의 임무는 기저에 깔린 적대를 은폐하고, 그것을 처리하는 특수한 방식을 모호하게 만듦으로써 적대가 사회의 전체 공간을 가로지르도록 만드는 데 있다. 현대 사회와의 접촉점을 아직 만들지 못한 아마존 정글의 몇몇 부족들을 제외하고, 오늘날 모든 공동체들은 그들의 자율성 자체가 전 지구적 자본주의의 관점에서 고려되어야 한다는 점에서 전 지구적 문명의 일부분이다. 과거의 생활 양식을 소생시키려 시도한 미국 토착 부족의 사례를 들어 보자. 그러한 생활 양식은 서구 문명과의 접촉 및 그 접촉의 파괴적 효과에 의해 탈선했고 좌초되었다. 이는 그 부족을 완전히 혼돈에 빠뜨렸고, 안정적인 공동체적 기틀을 박탈해 버렸다. 전통적 생활 양식의 핵심을 되찾음으로써 조금이나마 안정성을 얻으려는 노력은 대개 전 지구적 시장경제 속에서 회복의 틈새를 발견하는지 여부에 따라 좌우되곤 한다. 가령 카지노나 광산 채굴권을 통해 벌어들인 소득을 어떻게 현명하게 소비하는가에 부족의 소생 여부가 달려 있는 것이다.

총체성, 적대, 개별화

그러므로 총체성을 배치로부터 구별해 주는 것은 결합된 요소들의 더 높은 유기적 통일성이 아니라 모든 배치를 가로지르는 적대이다. 총체성은 솔기 없는 (방해나 곤란 없이 기능함으로써 여러 조각들을 한데 묶어 주는 바늘땀조차 없는) 전체가 아니다. 정의상 그것은 기워져 있고 (라캉적 기술어를 쓰자면) 봉합되어 있다. 라캉에게 봉합점은 구조를 규정짓는 결여가 반영적으로 기입되어 있으며 구조의 주체화가 일어나는 지점이다. 주체의 현전은 문제시된 구조(또는 총체성)가 적대와 비일관성 등으로 가로질러져 있다는 뜻이 된다. 우리는 여기서 한 걸음 더 나아가야 한다. 적대에 의해 가로질러진 총체성은 분열되어 있지 않다. 오히려 적대는 총체성을 만들어 준다. 요소들의 배치를 "총체화하는" 것은 모든 것을 포괄하는 보편성이 아니라 그 요소들이 동일한 적대에 의해 모두 가로질러져 있다는 사실이다. 이에 도달하기 위해, 총체성은 전체성Whole이 아니고, 전체성과 그 전체성을 왜곡시키는 잉여들의 합이란 점을 우리는 인식해야 한다. 관념의 왜곡으로부터 관념을 구성하는 왜곡으로의 이행은 총체성에 대한 헤겔적 이념에서 벌어지는 사태다. "총체성"을 유기적 전체성의 이상이 아니라 비판적 관념으로 받아들여야 한다. "현상을 총체성에 위치시키는 것"은 전체성의 숨겨진 조화를 보는 게 아니라 전체 체계의 왜곡들("징후", 적대, 비일관성)을 통합적 부분으로서 체계 안으로 포함시키는 것이다. 달리 말해, 헤겔적 총체성은 정의상 "자기 모순적"이고 적대적이며 비일관적이다. ("전체는 진리다das Ganze ist das Wahre"라고 헤겔이 말했을 때) "진리"로서의 "전체"는 그것의 비진리를 폭로하는, 의도되지 않은 결과로서의 징후를 합친 전체라 할 수 있다. 마르크스에게 자본주의의 "총체성"은 내적 계기로서 위기를 포함한다. 프로이트에게도 인간 주체의 "총체성"은 주체의 공식적 이미지 안에 "억압된" 것을 알려주는 지표로서 병리적 징후를 포함하고 있다. 기저에 깔린 전제는 전체가 결코 진정한 전체가 아니라는 점이다. 전체의 모든 관념은 밖으로 빠져나온 무엇인가를 남겨 두며, 변증법의 노고란 정확히 말해 그러한 과잉을 포함하고 설명하는 활동이다. 징후는 기본적으로 건전한 체계가 빚어 내는 부차적인 실패나 왜곡이 아니다. 징후는 그 체계의 핵심에 무엇인가 (적대적이고 비일관적인) "부패한" 부분이 있음을 알려 주는 지표이다. 헤겔의 총체성이 균형을 망가뜨리는 세부의 돌출을 포착하지 못한다고 주장하는 반헤겔주의적 수사학이 놓치는 지점이 바로 여기다. 헤겔적 총체성의 공간이란 바로 ("추상적") 전체와 비록 그 전체에 의해 생겨난다 할지라도 그 통제를 벗어나는 세부 사이의 상호작용이 일어나는 공간인 것이다. 더 구체적인 사례로 거칠게 옮겨 본다면, 만일 당신이 전 지구적 자본주의[의 총체적 체계]에 관해 말하고 싶다면, 당신은 [그 총체적 체계로부터 벗어나] 혼란에 처한 국가인 콩고를 포함시켜야만 할 것이다. 수천 명의 약에 취한 소년 전사들이 있고, 그럼에도 불구하고 전 지구적 자본주의에 완전히 통합된 국가인 콩고를 빼서는 안 된다.

이러한 적대의 개념은 우리로 하여금 1960년대에 하먼이 인용했던 명쾌한 격언을 다른 식으로 해석하게 해준다. "1960년대는 실상 1970년대에 발생했다는 것을 기억해야 한다." 하먼은 이렇게 촌평했다. "어떤 대상은 최초의 전성기가 지난 다음 단계에서 '더욱더' 존재감을 드러낸다. 1960년대 미국 드라마에 나오는 마리화나 피우기나 자유 연애, 내부적 폭력 등은 어떤 점에서 볼 때 가식적이고 몰취미한 1970년대에 이르러서야 더욱 전형적인 것이 되었다."[21] 하지만 1960년대에서 1970년대로의 이행을 더 자세히 관찰해 본다면, 주요한 차이점을 쉽게 찾아낼 수 있을 것이다. 1960년대에는 자유방임의 정신과 성해방, 반反문화와 마약이 유토피아를 지향하는 정치적 저항 운동의 일부였던 반면, 1970년대에 그 정신은 정치적 내용을 상실했으며, 헤게모니 문화와 이데올로기에 완전히 통합되어 버렸다. 그 결과 "더욱 더"(즉 헤게모니적 이데올로기로의 통합)는 "더욱 덜"(탈정치화)로 앙갚음을 당했으며, 우리가 설령 통합을 쉽게 수용했던 1960년대 정신의 한계를 분명히 의식한다 해도, 정치적 차원에서의 억압은 1970년대 대중문화의 주된 특징으로 남게 되었다. 아마 르네상스에 대해서도 비슷하게 말할 수 있을 듯하다. 장인과 지역적 민주주의가 꽃피던 피렌체 등의 자유 도시국가가 부흥하던 14세기를 예시해 보자. 알다시피 르네상스는 15세기 후반과 16세기에 일어났는데, 그때는 메디치나 스포르차 같은 지역 공후들이 지역 민주주의를 납작하게 찌부러뜨리고 도시국가를 장악해 가던 시대였다. 그들은 위대한 예술적 천재들을 후원했고 이로써 르네상스라는 이름을 만들어

냈지만, 대중 민주주의의 추동력은 소실되고 말았던 것이다. 1960년대와 르네상스의 두 가지 사례에서 우리는 구성적 적대의 불투명성을 통해, 즉 헤게모니적 이데올로기 공간으로의 통합을 통해 사태가 어떻게 "본래보다 더욱더"의 [분열적] 모습으로 변화하게 되었는지 알 수 있다.

또한 적대는 개별화에 대한 행위자 네트워크 이론ANT의 관념, 곧 "순수하고 절대적인 사이between, 외적 요소로부터 완전히 독립적인 것으로 간주되는 관계이기에 '사이' 이외에는 그 무엇으로도 서술될 수 없는"[22] 개별화를 특징짓는다. "절대적 사이"의 이러한 위상은 순수한 적대의 지위와 같다. 그 구조는 라캉이 성차性差에 관해 논의할 때 채택했던 구조와 같은데, 차이 자체와 마찬가지로 두 성 사이의 차이에 앞서 성차가 먼저 존재하는 것이다. 라캉의 "성화 공식"formulae sexuation의 요점은 남성 및 여성의 자리 모두가 차이 그 자체가 빚는 교착 상태를 벗어나는 방식이라는 데 있다. 성차는 "불가능한 실재"라는 라캉의 주장이 성적 관계는 없다는 그의 또 다른 주장과 엄격히 동의적인 이유가 그것이다. 라캉에게 성차는 "정태적인" 상징적 대립이나 내포 혹은 배제의

21. Harman, *Immaterialism*, pp. 122~123.
22. Peter Hallward, *Out of This World* (London: Verso Books 2006), p. 154.

견고한 집합(동성애나 다른 "도착증"을 부차적 역할로 조정시키는 이성애적 정상성)이 아니라, 상징화를 기도하는 모든 시도에 대해 저항하는 교착 상태이자 트라우마, 열린 질문과 같은 것이다. 성차를 [남성이나 여성의] 상징적 대립의 짝으로 번역하려는 모든 시도는 실패하게 마련이다. "성적 차이"가 의미하는 헤게모니적 투쟁의 지대를 여는 것은 바로 그 같은 "불가능성"인 것이다.

비인간의 관점

이제 우리는 주요한 존재론적 질문으로 접근하게 되었다. 배치의 이론은 인간 주체가 다중적이고 이질적인 행위자(라투르의 용어) 가운데 어느 하나로 환원되는 평평한 존재론flat ontology을 옹호한다. 그럼 우리는 소박실재론素朴實在論, naive realism으로 퇴행하지 않으면서, 어떻게 이 "비인간적 관점"의 전복적 측면을 받아들일 수 있을까? 그 출발점으로 라몬 취르허Ramon Zürcher의 『이상한 작은 고양이』*The Strange Little Cat*, 곧 인간이 다른 행위자들 가운데 하나의 행위자로서 연기하는 최초의 진정한 배치를 보여 주는 영화를 보자.

가족이 모였다. 아들들과 딸들, 그들이 데려온 중요한 인물들, 병든 할머니, 숙모 내외 등. 그들은 주방에서 바글거리며 잡담을 나눈다… 독백이 계속되고, 사람들은 주방 안팎을 오가며 어두운 복도로 사라졌다가 돌아온다. 그리고 아파트가 그 자체의 삶을 살아가기 시작한다. 사물들은 자기에게 부여된 기능에 대항하여 반란을 일으킨다. 사람들의 셔츠에서 버튼이 떨어져 내린다. 술은 엎질러진다. 난방기는 기이한 울림 소리를 낸다. 세탁기는 망가진다. 유리잔은 화로 위에서 회전한다. 야외에서 던진 공이 주방 유리창을 통해 안으로 날아든다. 침입자에 의해 가족의 활력이 깨지는 순간을 알리는 경고음이다. 영화 후반의 저녁 식사 자리에서 누군가 테이블 위에 놓인 두터운 소시지를 자르자 거칠게 기름기가 내쏘아지면서 즐거움을 자아 낸다.[23]

"사물이 그것들이 본래 의미하는 바대로 적절하게 움직이길 거부한다"는 것은 사물이 그것들 나름의 권리를 갖는 행위자임을 가리키며, 인간도 그 행위자들 가운데 하나임을 보

23. Sheila O'Malley, http://www.rogerebert.com/reviews/the-strange-little-cat-2014에서 재인용.

여 준다. 그렇다면 다음과 같은 질문이 나올 법하다. 영화에는 수많은 행위자들이 나오는데, 누가 주체인가? 어머니인가? 고양이인가? 우리는 아마 어머니가 순수한 주체이고(어떠한 적절한 행동도 없이 그녀는 대개 사건과 사물을 응시할 뿐이다), 고양이는 주변을 돌아다니며 다른 행위자들을 이어 주고, 사건을 일으킨다고 말할 것이다. 그래서 어머니와 고양이는 "$ $ "(빗금친 주체)와 "a"(욕망의 대상 원인)의 짝을 나타낸다. 영화의 주요 장면은 이 둘의 기이한 대면을 보여 주고 있다. 어머니는 부엌 싱크대 근처에 서 있고, 바닥에 누운 고양이 바로 위로 올려져 있는 그녀의 발은 마치 고양이를 짓부수려는 듯이 공기 중에 얼어붙어 있다(이 장면은 어머니가 이야기한 영화관에서의 사고를 떠올리게 하는데, 그녀의 발이 움직이지 못하게 만든 이유가 여기 있었다. 영화관에서 그녀는 자기 옆자리의 어떤 남자가 자기 신발을 그녀의 발 위에 올려놓은 채 누르고 있었기 때문에 움직일 수 없었던 것이다). 고양이는 그럼 무엇인가? 영화가 끝나갈 무렵 할머니는 큰 의자에 앉아 잠이 들게 된다(죽었을까?). 그녀의 모습은 예기치 않게 클로즈업 된 고양이의 머리로 바뀌는데, 대단히 섬뜩한 방식으로 이 장면은 고양이를 주체화한다. 직접적으로는 아니어도, 왠지 고양이는 할머니의 죽음에 관련되어 있다. 고양이는 죽음의 천사일까? 취르허는 "그 영화를

'호러 없는 호러 무비'라 부르는데, 실제로 그것은 농담 없는 희극"인 듯하다.[24] 우리는 이 공식을 칸트적 의미에서 문자 그대로 취해야 한다(칸트는 아름다움을 목적 없는 합목적성이라 불렀다). 순수한 형식적 공포는, 그 자체로 희극과 일치한다.

이제 우리는 배치의 관념이 지닌 진정으로 전복적인 잠재력이 무엇인지 알 수 있다. 그것은 인간을 구성하되 "비인간적" 관점에서 그렇게 만듦으로써 인간을 여러 행위자들 가운데 하나로 드러내 보이는 것이다. 오염된 쓰레기장에서 행위자들이 어떻게 상호작용하는지 묘사했던 제인 베넷Jane Bennet 을 떠올려 보자. 인간뿐만 아니라 썩어 가는 쓰레기, 벌레, 해충, 버려진 기계, 유독성 화학약품 등이 어떻게 각각 자신의 역할을 맡아서(결코 순수하게 수동적이진 않게) 행위하는지 보라.[25] 그러한 접근법에는 진정성 있는 이론적·윤리적·정치적인 통찰이 깃들어 있다. 새로운 유물론자들이 질료를 기계적 요소들의 수동적 혼합으로 환원시키는 데 반대할 때, 그들은 물론 낡디낡은 직접성의 신학을 주장하는 게 아니다. 그들은 오히려 질료에 내재하는 우연적인 역동성에 주목했

24. http://variety.com/2014/film/festivals/film-review-the-strange-little-cat-1201148557에서 재인용.

25. Jane Bennett, *Vibrant Matter* (Durham: Duke University Press 2010), pp. 4~6.

다. "발생적 속성들"은 다양한 행위자들 사이의 예측 불가능한 만남으로부터 생겨나며, 어떠한 특수한 행위에 대해서도 행위는 신체들의 다양성을 가로질러 분배된다.[26] 그럼으로써 행위는 사회적 현상이 되고, 거기서 사회성의 한계는 그 배치에 관여하고 있는 모든 물질적 신체를 포함하게끔 확장된다. 예컨대 생태학적 집단으로서의 대중은 신체들의 집합이며, 대부분은 아닐지라도 그중 일부의 사람들은 피해를 보게 되어 있으며, 행위 능력을 상실해 버렸다고 평가된다. 이 태도의 윤리적 함의는 우리가 더욱 커다란 배치에 결부되어 있다는 복합성을 인식해야 한다는 점에 있다. 우리는 대중의 요구에 더욱 민감해져야 하며, 자기 이익에 관해 재형성된 감각은 우리로 하여금 대중의 곤경에 대해 책임을 질 것을 요청한다. 대개 비활성적 실체로 간주되는 물질성이란 인간과 비인간적 행위자(행위항)의 배치를 만드는 사물의 과잉으로서 다시 사유될 필요가 있다. 인간은 잠재적으로 속박되지 않는 능력들의 네트워크 상에 있는 하나의 능력(힘)일 따름이다.

26. 우리는 이른바 "환원주의"의 과학적 영향력을 늘 염두에 두어야 한다. 과학이 가장 큰 영향력을 발휘할 때는 "고차원의" 질적 특성이 "저차원"의 특성으로부터 출현할 때가 아닌가?

이러한 접근법을 극단으로 몰아가는 데 두려움을 느낄 사람도 있을 법하다. 아우슈비츠를 하나의 배치로 생각해 보자. 나치의 처형자들은 그 행위자로 연루되어 있는데, 기차와 가스 오븐, 수용자들을 먹여 살리기 위한 물류 수송, 의류의 탈취와 분배, 금이빨, 머리카락과 뼛가루 등의 복잡한 네트워크를 고려할 때 연관의 사정은 유대인들에게도 동일하게 작용한다. 아우슈비츠를 배치로서 읽어야 한다는 주장의 요지는 저속하고 고약한 취향의 게임을 해보려는 데 있지 않다. 그것은 배치라는 관점이 지닌 진정 전복적인 특징을 끌어내기 위함이고, 아우슈비츠를 비인간의 눈으로 바라보거나, 혹은 들뢰즈식으로 말해 아우슈비츠를 "인간의 좌표 평면에서 풀어 내… 인간 이전의(또는 이후의) 있는 그대로를 지각하기 위함"이다.[27] "인간 이전에 존재하던 세계의 다채로운 카오스"로서 아우슈비츠를 보려는 시도를 유지하려면 상당히 강인해져야 할 것이다.[28] 표준적인 실재론적 접근이라면 우리 관찰하는 주체로부터 독립적으로 존재하는 세계와 현실을 묘사하는 데 목표를 두어야 한다. 그러나 우리 주체는 세계의 일부이기에 실재론은 우리가 기술하는 현실 속에

---

27. Gilles Deleuze, *L'Image-mouvement* (Paris: Minuit, 1983), p. 122.
28. Deleuze, *L'Image-mouvement*, p. 81.

우리 자신을 포함해야만 한다. 그 결과 실재론적 접근은, 마치 비인간의 눈을 통해 우리 자신을 관찰하듯 우리 자신과는 독립적으로, 곧 "외부로부터" 스스로를 기술하는 것을 포함하게 된다. 이처럼 우리 자신의 포함을 통해 도달하게 되는 것은 소박실재론이 아니라 더욱 섬뜩한 무엇, 즉 우리가 우리 자신에 대해 낯설게 되는 방식을 통해 만들어지는 주체적 태도의 급진적 변환이다.

여기서 이중의 역설이 작동한다. 첫째, 인간이 타자들 중한 행위자에 불과하다는 "비인간적" 관점은 이미 순수한 (데카르트적) 주체를 함축하는데, 그는 이 자리를 차지할 수 있는 유일한 주체인 것이다. 두 번째 역설(또는 차라리 문제)은 이렇다. 우리가 "외부로부터" 상황을 보게 될 때, 우리는 거기에 포함된 주체를 지각할 수 있는가? 외부의 관점을 취할 수 있는 주체가 있을까? 혹은 외부로부터 우리는 다만 "죽은 대상성"만을 보는 것인가? 더욱 급진적으로 말하자면, 주체란 (또는 심지어 생명은) 언제나 전제요, 가정이 아닐까? 우리가 무엇인가를 바라볼 때, 우리는 거기에 주체성을 전가한다. 하지만 거기에 정말 주체성이 있는지 확신할 수는 없다. 만약 그것이 주체성을 연기하고 있는 기계라면 어쩔 것인가? 우리는 여기서 한 걸음 더 나가야 한다. 주체성이란 어떤 의미에서는 주체성의 고유한 연기이며, 그 "물질적 지반"이 신경생물학적 장치에 불과함에도 스스로에게는 그렇게 [주체성으로서] 보이는 무엇인가이다.

들뢰즈가 "사물(이 존재하는 대로의) 그 자체"에 직접 접속함으로써 칸트적 언어에 공공연히 의존해 있음에도, 그의 요점은 정확히 다음과 같다. 현상과 물 자체 사이의 대립, 즉 칸트적 관점에서 볼 때 우리의 지적 이해를 영원히 벗어나는 초월적 사물로서의 본체noumena적 수준과 현상적 수준 사이의 대립을 우리는 제거해야 한다. 들뢰즈가 "사물 자체"로 가리키는 것은, 어떤 면에서는 우리의 공유된 현상적 현실보다 더욱 현상적인 것이다. 그것은 불가능한 현상, 곧 상징적으로 구성된 우리의 현실로부터 배제된 현상이다. 따라서 우리를 본체로부터 분리시키는 간극은 우선적으로 인식론적인 게 아니라 실천적·윤리적인 것이며, 리비도적인 것이다. 현상의 뒷면이나 아래쪽에 "진정한 현실" 같은 것은 없다. 본체는 우리의 지각 장치가 현실을 구성할 수 있도록 조정하기에는 "지나치게 강력"하고 "지나치게 강도적"인 현상의 사물이다. 인식론적 실패는 리비도적 테러의 부차적 효과라 할 수 있다. 다시 말해, 그 기저에 깔린 논리는 칸트의 언명 "너는 해야 하기 때문에 할 수 있다!"의 역전인 "너는 알아서는 안

되기 때문에 (본체에 대해) 알 수 없다"인 것이다. 누군가 끔찍한 고문을 목격하도록 강요받았다고 생각해 보라. 그가 목격한 고문의 괴물성은 평범한 현실의 좌표를 뒤흔들어 버리는 본체의 불가능성, 불가능한 실재에 관한 실험이 될 것이다(격렬한 성적 행위의 목격에 대해서도 동일하게 말할 수 있다). 이런 의미에서 만약 우리가 강제 수용소에서 무슬림들이 촬영된 필름을 발견하게 된다면, 그 필름이 무슬림들이 얼마나 체계적으로 학대당하고 존엄성 일체를 박탈당하는지를 보여 주는 일상을 담고 있다면, 우리는 "지나치게 많이 보는" 것이며, 보이지 않는 것으로서 남겨져 있어야 할 금지된 영역에 들어가게 되는 것이다(만일 우리가 그런 필름을 우연히 발견한다면 즉각 폐기해야 할 것이란 클로드 란츠만Claude Landzmann의 언급은 이렇게 이해할 수 있다). 이는 또한 자신들이 오래지 않아 죽을 것이며 그런 의미에서 이미 살아 있는 죽음임을 알고 있는 사람들의 마지막 순간을 목격하는 것이 참을 수 없는 노릇임을 드러내 준다. 그럼 다시, 쌍둥이 빌딩의 잔해 속에서 충돌에도 불구하고 기적적으로 온전히 보존된 비디오 카메라를 발견했다고, 거기엔 타워에 충돌하기 직전 몇 분 간 비행기 승객들 사이에서 오고간 일들을 보여 주는 장면들이 채워져 있다고 가정해 보자. 이 모든 경우들에서, 실질적으로 우리는 사물이 인간학적 좌표 바깥에 있는 듯, 그것들이 마치 인간적 현실을 넘어서 "그 자체로" 존재하는 것처럼 목도하게 된다. 비인간의 시선으로 세계를 보는 것과 다름없다(어쩌면 미국 정부는 그와 같은 필름을 이미 갖고 있고, 납득할 만한 이유로 인해 비밀에 부쳐 두고 있을지도 모른다). 여기서 교훈은 심오하게 헤겔적이다. "세련되게 조정된" 정상적 현상과 "불가능한" 현상 사이의 분열처럼, 현상과 본체 사이의 차이는 현상 속으로 다시 반영/전위된다.

바그너의 《발퀴레》*Die Walküre*, 셰로Chéreau/불레즈Boulez의 상연작의 1막 끝에서 지그문트와 지클린데는 열정적인 사랑의 듀엣을 펼친 후 포옹하며 같이 눕는다. 마치 그들은 곧 사랑을 나눌 듯한 태세지만 바로 그 순간 커튼이 내려간다. 내가 갖고 있는 판본은 갑작스런 바람으로 인해 커튼의 일부가 아주 짧은 순간 그 장면을 보일락 말락 하게 비추는데, 바로 그때 나는 가수들이 속임수를 쓰고 있는 것은 아닌지 확인해 보고 싶어졌다. 그들이 여전히 포옹한 채 누워 있는 것을 알게 되자 깜짝 놀랐기 때문이다. 그들은 벌써 일어나서 옷매무새를 가다듬은 걸까? 이 짧은 순간 동안 "그 자체로" 존재하는 상황[사태]의 본질을 내가 볼 수 없었던 걸까? 바꿔 말해, 비인간의 눈으로 그것을 관찰할 수는 없었던 걸까? 일상적 현실의 "커튼 뒤편에서" 사태가 어떻게 돌아가고 있는지를 찰라 동안 엿보게 되는, 그 같은 상황은 실제 삶에서도 종종 일어나곤 한다(일상생활에서 우리는 어떤 역할을 맡는다. 즉 우리 자신을 연기한다. 우리는 우리 자신이 있는 그대로 직접적으로 실존하지 않는다). "[사태의 본질] 그 자체"는 단순히 사태가 우리에게서 독립적으로 존재하는 방식만이 아니다. 그것은 사태가 우리에게 출현하는 방식의 불가능성이 내재적으로 포함된 지점이다.

"주관적 관점"이라는 통상의 관념은 사물의 객관적 상태를 편향적으로 왜곡한 것이다. 우리의 주관적 접근은 사물이 실제로 존재하는 방식의 균형을 왜곡시키고, 일부 요소가 갖는 "특수한 색조"를 다른 요소들에 투사하게 만듦으로써 특권적으로 만든다. 고전적 마르크스주의 운동에 있어서 순수한 추상적 보편성은 도달 불가능하다는 점, 우리가 다루는 모든 보편성은 특권화되어 있는 특정 내용에 의해 이미 중층결정되어 있는 것이란 점을 받아들여야 한다. 이는 보편성이 갖는 특수한 색조를 의문에 붙이게 만들 것인 바, 마르크스라면 필시 그렇게 주장했을 것이다. 소거 불가능한 "탯줄"이 존재하며, 그로 인해 모든 선험적 보편성은 후험적인 특수한 내용에 결착되어(색조가 입혀지고, "중층결정"되어) 있다. 조금 직설적으로 말하자면, 보편 관념의 형식은 다중적인 우연적 내용에 필연성을 부과하지만, 이는 우연성이라는 소거할 수 없는 얼룩을 남겨 둔 채로만 그렇게 하게 된다. 데리다가 주장했듯, 틀 자체는 언제나 틀 지어진 내용의 일부로서 존재한다. 이는 헤겔에게 있어 "대립적 규정"gegensätzliche Bestimmung의 논리로 표명되는데, 여기서 보편적 유類, genus는 특수하고 우연적인 종種, species 사이에서 자기 자신과 마주치게 된다. 마르크스의 고전적인 사례를 들어보자면 다음과 같다. 생산의 여러 종적 부문 가운데는, 주어진 생산 양식 내부에서 생산의 보편성에 특수한 색조를 입히는 것이 언제나 하나씩 있다. 봉건사회에서 장인적 생산은 여타의 농업적 영역과 유사하게 구조화되지만, 자본주의에서는 농업 자체가 "산업화"되는 바, 농업은 산업적 생산 영역의 하나가 되는 것이다.

핵심은 이러한 대립적 규정의 구조와 주체성 사이에서 연결고리를 찾아내는 데 있다. 기표에 대한 라캉의 정의는 "다른 기표를 대신해서 주체를 표상하는 것"이다. 모든 기표가 동일한 수준에 있지는 않은데, 어떠한 구조도 완벽하지는 않은 탓이다. 또한 구조에는 언제나 결여가 있으며, 이 결여는 기표의 결여를 기표화하는 "반영적" 기표로 채워져 있고, 재

표시될 뿐만 아니라 유지되는 탓이다. 결여와 주체를 동일시하는 것. 그러므로 우리는 이렇게 말할 수 있다. 결여의 반영적 기표는 다른 기표를 대신하여 주체를 표상한다. 만일 이것이 추상적으로 들린다면, (빛이 얼마나 효과적으로 이동하는지에 대한 과학자들의 무지를 드러낸 가짜 개념인) 플로기스톤 이론[29]에서부터 마르크스의 "아시아적 생산 양식"에 이르는 수많은 과학의 역사를 반추해 보라(후자는 일종의 음화陰畵라 할 수 있는데, 이 개념의 유일한 진리는 "모든 생산 양식은 생산 양식에 관한 마르크스의 표준적 범주화에 들어맞지 않는다"는 사실에 있다). 자크-알랭 밀레Jacques-Alain Miller는 상상적 수준에 대한 어떠한 참조도 없이 주체의 관념을 만들어 냈다. 이 "기표의 주체"는 살아 있는 경험이나 의식, 또는 우리가 대개 주체성과 연관짓는 그 어떤 다른 술어도 수반하지 않는다. 그래서 기본적인 봉합 과정에는 영零도 하나로 셈해진다. 가령 호르

---

29. 17세기 후반부터 18세기 초까지 물질의 연소 현상을 설명하기 위해 동원되었던 가설이 플로기스톤phlogiston 이론이다. 17세기 말 독일의 연금술 연구자 G.E. 슈탈은 물질의 원소 중 기름 성분이 포함된 흙이 있다고 믿었고, 이를 플로기스톤이라 명명했다. 물질이 연소할 때 일어나는 빛은 이 가연성 물질인 플로기스톤이 빠져나가는 현상이라는 것이다. 실제로 연소 후 남은 재를 통해 플로기스톤의 방출은 직관적인 믿음의 근거가 되었으나, 1783년 라부아지에에 의해 연소에 필요한 것은 플로기스톤이 아니라 산소라는 점이 밝혀지면서 폐기되었다. — 옮긴이 주.

헤 루이스 보르헤스Jorge Luis Borges의 저 유명한 개의 분류처럼, 결정의 부재는 그 부재 자체를 긍정적 규정으로서 셈하게 된다. 이는 종으로서 모든 개가 그 이전 단계인 유로서의 개에는 포함되지 않는다는 것, 그래서 종으로서의 개는 "비非부분의 부분"이 된다는 뜻이다.[30]

우리는 이제 "관점의 주관적 한계"(우리는 언제나 주관적 시점에서 현실을 지각하는데, 후자는 전자에 의해 왜곡된다)라는 통상의 관념이, 구조를 주체화하는 반영의 구조에 어떻게 근거해 있는지 알게 되었다.

주체는 현실을 그 왜곡된/편파적인 "주관적" 관점에서 지각하는 것뿐만이 아니다. 구조가 헤게모니적인 특수한 요소

---

30. 아르헨티나의 소설가 호르헤 루이스 보르헤스가 1952년 출판한 『다른 심문들』 *Otras Inquisiciones, 1937~1952*에 실린 에세이「존 윌킨스의 분석적 언어」*El idioma analítico de John Wilkins*의 일부분을 말한다. 17세기 영국의 학자 윌킨스는 사물과 세계를 분류하기 위해 진력했는데, 그가 알려 준 중국의 어느 백과사전에 따르면 동물은 a) 황제에게 속한 것, b) 향기로운 것, c) 길들여진 것, d) 식용 젖먹이 돼지, e) 인어, f) 신화에 나오는 것, g) 풀려나 싸대는 개… 등이 있다. 물론 이는 완전히 허구적인 소설적 이야기지만, 사물의 분류란 보편적인 만큼 자의적일 수 있음을 알려 주는 중요한 사례로서 미셸 푸코가 『말과 사물』*Les Mots et les Choses, 1966*의 첫 머리에 소개한 바 있다. 즉 유의 상위 개념이 결정되지 않음으로써 종의 하위 개념은 그것의 분류에서 필연적으로 결정 불가능성을 포함할 수밖에 없다는 것이다. 만일 세계와 사물의 근본적인 본질이 없다면, 제1의 선험적 규정이 주어지지 않는다면 그 하위의 모든 분류는 그러한 결정 불가능성을 포함하는 방식으로 열린 결정의 분류법을 채택할 수밖에 없다. ─ 옮긴이 주.

의 특권을 통해 그 자체로 "왜곡"될 때, 그 요소가 보편성에 특별한 색조를 입히고 있을 때, 오직 그 경우에만 주체는 출현한다. 헤게모니적 요소에 대한 기술이 다소 모호한 것은 사실이다. 첫째, 우리는 그것을 보편성에 "색조를 입히는" 특권화된 특수한 요소로서 제시하고 있다(자본주의에서 생산의 모든 영역은 산업 생산의 [하위·특수] 종으로 등장한다).

그렇다면 우리는 그것을 "비어 있는" 요소로 제시할 수 있는 바, 이 요소는 구조로부터 배제된 것, 즉 구조의 외부를 가리킨다(마르크스주의에서 "아시아적 생산 양식"은 실상 생산 양식의 보편적 계열 내에서 생산 양식에 대한 마르크스의 관념에 들어맞지 않는 [외부의] 위치를 주장하는 것이다). 보편성과 [하위·특수] 종 사이의 균형은 그렇게 두 가지 대립적 방향으로 분산된다. 그 예외적 요소는 보편성을 헤게모니화하는 특수한 요소인 동시에, 계열 내에서 보편성을 빠져나가는 외부적 차원을 표상하는 요소이다. 여기서 헤겔-마르크스주의적 가설은 보편성이 특수한 종에 대립하는 방식으로, 곧 "대립적 규정"을 가장함으로써 존재한다고 주장한다. 마르크스의 유명한 사례를 인용하자면, 왕정주의 그 자체는 특수한 종에 대립함으로써 공화주의로서 실존하게 된다. 인간 종 그 자체도 특수한 집단에 대립함으로써 사회체 내에서 특별한 자리를 갖지 않는 프롤레타리아의 외양을 하고 실존한다. 이 두 가지 예외는 어떻게 서로 연결될까? 확실히 헤게모니적 요소(자본주의에서 모든 생산의 "특별한 색조"로서 산업 생산)는, 특수한 종에 대립적으로 실존하는 보편성의 외양을 띤 보편성의 부정과 동일하지 않다. 이 두 가지 보편성 사이의 관계는 사회적 적대의 최소한의 형식을 제공한다고 말할 수 있을 것이다(이는 적대에 대한 개념을 세공하면서 라클라우가 간과한 점이었다). 이를 테면, 적대는 보편성을 헤게모니화하는 특수 요소와 보편성 안에서 배제된 것을 대신하는 요소 사이에서 궁극적으로 실존한다. 이 둘 사이의 연결고리를 찾기란 어려운 일이 아니다. (부르주아 사회의) 보편성 내부에는 그 보편적 차원으로부터 배제된 요소를 위한 자리가 없다. 왜냐하면 그 보편적 차원은 정확히 말해 헤게모니적 지배에 의해 비밀스럽게 특수화되어 있고, 왜곡되어 있기 때문이다. 가령 오늘날 아무것도 갖고 있지 않거나 굶어 죽기 직전에 처한 불안정한 노동자 개인이 모든 사람으로 하여금 직업에 종사하고 있다는 특수한 설정을 성립시키기 위해 1인 기업가로 정의된다고 할 때, 적대는 기업가와 프롤레타리아 사이에 여전히 존재하는 것이다.

이는 S1주인기표에서 대타자의 결여/비일관성의 기표인 S빗금친 a로의 변환으로 규정될 수 있다. 이 둘은 어떤 의미에서는 동일한데, 아우라를 발산하는 주인기표의 현존은 대타자에게서 결여된 것을 채우고 있는 탓이다. 그것은 상징적 질서의 비일관성을 모호하게 만든다. 그러나 S1에서 S로의 이행은 궁극적으로 주인기표가 일으키는 모호성을 뚜렷하게 정리하리라는 전망 위에 놓인 변환이다. 여기에 대상a가 진입한다. 주인기표에서 대상a는 의미화하는 기능과 결합되어 있다. 대상a가 의미화의 공간에서 빼내어질 때, 즉 S1과 대상a가 분리될 때 S1은 S로 변화하는 반면, 주인기표에 아우라를 부여하는 것은 신비스러운 "je ne sais quoi"정의할 수 없는 것이다. 그와 같은 분리를 통해 S1은 결여된 것을 간신히 만회하면서도 전적인 무기력과 고통을 드러내게 된다.

현상적인 것 그 자체[현상의 본질]

주체와 적대 사이의 연결고리는 우리로 하여금 오래된 질문에 대해 새로운 방식으로 접근하도록 만들어 준다. 어떻게 우리는 외관 너머로 나아가며, [본질] 그 자체에 도달할 수 있는가? 이는 현상 너머의 또 다른 세계에 대한 문제가 아니다. 사물 "그 자체"는 그것이 나타나는 방식에, 혹은 우리가 그것을 바라보고 과학적으로 구성하는 방식에 놓인 문제다.

여기에는 그 어떤 거대한 미스터리도 없다. 현상적 현실을 넘어서 있는 [본질] 그 자체의 잉여성이 우리 자신이며, 주체성의 간극이다. 초월적인 [본질] 그 자체로부터 초월론적인 것(초월론적으로 구성된 현실)을 분리시키는 간극이 의미하는 바는, 우리 자신과 무관하게 실존하는 현실을 고립시키려 노력하면 할수록, [본질] 그 자체는 초월론적으로 구성된 영역으로 회귀하게 된다.

요컨대 우리가 [현실의] 여기에서 제자리를 맴돌고 있을 때, [본질] 그 자체의 모든 형상들은 언제나 초월론적 원환 속에 이미 사로잡혀 있다. 그러나 이 원환은 깨어질 수 있는 바, [본질] 그 자체는 "저기 [초월적] 외부에 있는" 게 아니기 때문이다. 초월론적으로 구성된 현실의 상이한 영역들을 분리시키는 절단면들은 식별 가능하다. "외적 현실"의 다양한 형상화들을 비일관적이고 어긋나게 하며, 비전체로 만드는 게 그것이기 때문이다. 또한 그 절단면들은 주체성이 현실로 개입하는 지점을 나타낸다. 객체 지향적 존재론은 주체가 대상들 사이에 있는 대상일 뿐이라고 주장한다. 그러나 우리의 인식 지평은 우리의 주체성에 초월론적으로 제약되어 있다. 주체가 대상으로서 특권화되어 있기 때문이 아니라 그것이 우리의 입지점이기 때문이다.

그렇다면 우리는 어떻게 거기에서 벗어날 수 있는가? 주체성을 추상화하거나 우리에게서 독립해 있는 사물이 그 자체로 존속하는 방식을 고립시키는 식으로는 불가능하다. 그러한 시도는 모두 실패하고 말 터인데, 라캉이 지적했듯 그런 식으로 우리가 도달할 수 있는 현실은 실재의 절단면을 메우는 환상에 의거하는 탓이다. 대상들의 현실에 우리가 어떻게 맞추어지고 있는지, 그 방식을 반영하는 것만이 우리를 실재에 도달하게 만든다. 현실은 평평하다. 하지만 비일관적이고, 절단면에 의해 방해받으며, 현실 속의 그 절단면이야말로 주체가 기입되는 지점이다. 더 정확히 말해, 모든 대상이 동일한 존재론적 입지점을 차지하는 "대상들의 민주주의"[31] 혹은 제인 베넷에 의해 제출된 "비인간적" 비전이라는 배치는 오직 (비어 있는) 주체의 관점에서만 가능한 것이다. 주체가 대상들 가운데 하나로서 있는 한, 나는 현실을 특수한 관점에서만 볼 수 있다. 나의 비전은 특별한 상황과 이해관계로 짜여진 특수한 좌표계에 의해 일그러뜨려져 있다. 주체란 인간을 대상들 가운데 하나라는 현실적 관점을 채택하도록 만드는 특수성의 폭력적 추상화일 따름이다.

---

31. Levi R. Bryant, *The Democracy of Objects*, (Open Humanities Press), 2011.
　　— 옮긴이 주.

[본질] 그 자체에 대한 관계성의 변환은, (성화性化에 관한 라캉의 공식이란 의미에서) 남성에서 여성적 입장으로의 변환이란 견지에서도 성립한다. 칸트적 접근은 남성적인 것이다. 예컨대 [본질] 그 자체는 우리의 현상적 현실을 규제하는 보편적(초월론적) 법칙에 예외적인 것이고, 따라서 우리는 이 렌즈의 왜곡을 어떻게 지울 것인지에 관해, 또한 우리에게 독립적으로 저기 어딘가에 존재하는 사물을 어떻게 파악할 것인지에 관해 인식론적 게임을 벌여야 한다.

칸트에게 [본질] 그 자체는 우리가 도달 가능한 거리 바깥에 있다. 철학사적으로 비교해 보자면, 로크에게 단 하나의 감각만으로 지각되는 사물의 속성은 주관적인 반면, (가령 보고 만질 수 있는 형태shape와 같이) 하나 이상의 감각으로 지각되는 속성은 사물 자체의 속성이다. 다른 한편, 근대 과학의 여러 분과에 있어서, 현실의 [본질] 그 자체란 수학적 정식을 통해 이해되어 왔다. 헤겔의 "여성적" 입장에서 본다면 현상의 장場은 비전체이다.[32] 예외는 없다.

32. 헤겔 철학에서 여성은 인륜성을 구현하는 직접적인 방식이자 원리를 대표한다. 즉 부부의 사례에서 나타나듯, 남편과 아내는 서로를 직접적으로 인정함으로써 가족이라는 공동체를 이루고, 이는 가족이 직관적이고 즉자적인 원리 곧 혈연을 중심으로 구성될 수밖에 없음을 증거한다. 이를 현실에 대해 풀어 설명하면 다음과 같다. 현상적 현실은 초월론적 원리에 매개되어 있지만 그것을 실

저기 바깥에 [본질] 그 자체는 존재하지 않는다. 하지만 이 장은 동시에 비일관적이며, 적대에 의해 절단되어 있다. 그 래서 어떤 식으로든 주관적으로 왜곡되지 않은 것은 없다. 그러나 우리는 현상의 장에서 그 절단면들과 비일관성을 통 해 [본질] 그 자체에 관여해야 한다. 달리 말해, 현상의 모든 장에는 [본질] 그 자체의 지점, 불가능성의 지점이 존재한다. 하지만 그 지점, 곧 "그림의 얼룩"은 주체를 탈출시키는 초월 성의 기호가 아니라 주체 자체를 위한, 그림 속에 주체를 기 입하기 위한 현행적인 대리물이다.

그렇다면 주체는 어떻게 게임에 진입하게 될까? 여기에 벨 리니Vincenzo Bellini, 1801~1835의 「노르마」Norma 첫 번째 소절 을 인용해 보자.

Casta Diva, che inargenti

오 순결한 여신이여, 그녀의 은빛 덮개는

Queste sacre antiche piante,

이 오래된 성스러운 초목을 뒤덮으니,

정적으로 매개하지는 않는다. 현실은 가시적인 원칙에 따라 구조화되어 있기 에 실재를 있는 그대로 반영할 수 없다. 그러므로 현상으로서의 현실은 비전체 이며, 실재를 괄호쳐둔 상태로만 떠안을 수 있다. 헤겔의 현상을 여성적인 입장 에서 설명한다는 것은 그런 의미이다. — 옮긴이 주.

A noi volgi il bel sembiante

우리에게 아름다운 모습을 보이시라

Senza nube e senza vel…

구름 한 점 없이 투명한 모습을

밤의 예식은 성스러운 숲 한가운데서 펼쳐지고, 주문은 해가 아닌 달을 향해 외워진다. 여신의 순결은 순수함 때문이 아니라 불임 때문이다. 구름 한 점 없이 투명한 모습을 보일 때라도 달빛은 생식과 거리가 멀고, (설령 아름답게 여겨질 지라도) 그저 외양에 불과하며 태양이 내뿜는 황금빛의 창백한 반향에 지나지 않다. 마치 신체적 인과성의 창백한 효과일 뿐인 들뢰즈의 감각의 흐름처럼. 라캉적 주체의 지위가 바로 이와 같은 것이다. 들뢰즈라면 주체는 [의미론적으로] "거대한 실체"나 "거대한 행위자"가 아니라 그저 불임의 표면이며, 근본적으로 무력한 것이라고 주장했을 터이다. 빗금친 주체는 오직 행위 속에서만 실존하는 행위자이지 실체가 아니다. 물론 그것은 얼마간 물질적 기초를 가져야 하겠지만, "그것이 다가 아니다."

연구자들이 다음과 같이 경악하는 이유는 뻔하다. "어떻게 그게 가능한가? 뇌라는 죽은 고깃덩이가 우리의 사유라니?"

"자아"는 인간 유기체가 경험하는 방식으로서 인간 자신에게 나타난다. 자기 출현의 베일 뒤에는 아무것도 존재하지 않는다. 실체적 현실이란 없다.

환상은 거스를 수 없다. 온갖 얼굴 표정 뒤에 자아가 있다. 우리는 반짝거리는 눈길에서 의식의 신호를 읽고, 두 개골의 아치 아래서 천상의 공간 같은 것을 상상한다. 거기에 느낌과 사고의 다양한 패턴이 빛나고, 의도에 맞춰 충전된다. 본질이 있는 것이다. 그러나 우리가 얼굴을 볼 때, 그 표정 뒤의 공간에서 진정 발견하는 것은 무엇인가? 살과 피, 뼈와 뇌… 물질적 실체 이외에는 아무것도 없다는 게 냉정한 사실이다. 두뇌의 진동과 외과적 조치를 바라보면서, 절개된 머리에서 당신이 찾아내는 것은 거기엔 더 이상 아무것도 있지 않다는 절대적 확신이다. 거기엔 누구도 존재하지 않는다.[33]

자신에 대한 무無의 출현 이외에는 무엇으로도 기능하지 않는, 그러한 실체가 어떻게 가능할까? 답변은 명확하다. 그

33. Paul Broks, *Into the Silent Land, Travel in Neuropsychology* (London: Atlantic Books 2003), p. 17.

와 같은 비실체적 존재는 순수하게 관계적이며, 어떠한 실증적인 지탱점도 갖지 않는다. 그러므로 실체로부터 주체로의 이행 가운데 생겨나는 것은 반영적 역전이다. 우리는 또 다른 대상을 향해 접근이 불가능한 대상의 비밀스런 핵심으로부터 접근 불가능성 그 자체로 이동 중이다. 빗금친 주체는 그 자신의 접근 불가능성에 다름 아니며, 실체가 되지 못한 실패인 것이다. 여기에 라캉의 업적이 있다. 표준적인 정신분석 이론은 무의식을 주체성의 심리적 실체로 간주한다(무의식이 빙산의 숨겨진 부분이라는 악명 높은 비유를 떠올려 보라). 우리는 거기에 욕망과 환상, 트라우마 등의 심층이 있는 듯 간주한다. 그러나 라캉은 무의식을 탈실체화했다(그에게 데카르트적 코기토는 프로이트적 주체이다). 이로써 그는 정신분석을 근대적 주체성의 수준으로 끌어갈 수 있었다(프로이트적 무의식과 "무의식적인" 신경학적 두뇌 과정 사이의 차이를 고려해야 하는 지점이 여기다. 후자는 주체의 자연적 "실체성"에 형태를 부여한다. 즉 주체는 생물학적 실체로 지속하는 만큼만 실존하게 된다. 하지만 이 실체는 주체가 아니다).

어떤 정도로든 주체가 대상보다 더 행위성을 갖는 것은 아니다. "거대한 행위자"는 근본적으로 수동적인 대상들의 세계 전부를 능동적으로 정위시키는 것이다. 혼돈hubris에 맞

서 대상들의 능동적인 역할을 촉발하기 위해서다. 가장 근본
적인 차원에서 주체는 아무것도 하지 않음이자 물러서는 것
으로서, 수동적 경험 즉 수동화의 제스처에 불과하다. 라캉
의 말을 빌리면 주체는 "ce quo du réel pâtit du signifiant"(실
재 속에서 기표로부터 고통을 겪는 것)이다. 주체의 능동성은 이러
한 기본적 특징에 대한 반응[反動]에 다르지 않다.

객체 지향적 존재론은 주체성을 다른 대상의 속성이나 성
질로 환원함으로써 사유하고 있는 게 아니다. 객체 지향적
존재론이 주체라고 기술하고 있는 것은 다만 주체성의 기준
에 부합하지 않는 것이다. 요컨대 객체 지향적 존재론에 주
체를 위한 자리는 없다.[34]

---

34. 더 나아가, 대상적 행위자들 중 하나로 주체를 사유하는 것은 발화의 고유한
입장을 설명하지 못한다. 예컨대 객체 지향적 존재론에 입각한 주체는 어떤 자
리에서 말하는 것인가? 어떤 관점에서 발화하고 있는가? 분명 이 같은 이론은
대상들이 갖는 위치들 중 하나의 자리에서 발화될 수 있는 게 아니다.

2

동굴 속의 마르크스

"시작은… 탈출이다." (H. 블루멘베르크)[1]
"… 모든 시선은 카메라의 암상자를 갖는다…" (S 코프먼)[2]

동굴 탐험[3]

잘 알려진 격언이 전해 주듯, 철학의 역사는 플라톤에 대한 주석에 다름 아니다. 그가 남긴 역설과 주장에 맞서 싸우며, 그의 질문들을 반복하고, 그의 사유에 맞서 전환을 꾀하거나, 혹은 영원히 그로부터 떠나가는 작업인 것이다. 이렇게 주장하는 사람도 있을 법하다. 비판적이고 해방적인 사유(또는 철학)란 플라톤의 동굴 알레고리에 대한 주석으로 이루

---

1. Hans Blumenberg, *Höhengleichnisse* (Frankfurt am Main: Suhrkamp 1996), p. 18.
2. Sarah Kofman, *Camera Obscura: Of Ideology* (Thaca: Cornaell University Press 1999), p. 19.
3. 이 장의 초고를 읽고 논평해 준 로렌초 키에자Lorenzo Chiesa, 레베카 코메이 Rebecca Comay, 마이클 하인리히Michael Heinrich에게 감사드린다.

어진 게 아니겠느냐고. 첫 번째 격언의 명백한 일반화에도 불구하고 혹은 바로 그것으로 인해 독자는 그 같은 주장에 익숙할지 모르겠는데, 두 번째 주장은 어느 정도 과장이 섞인 듯싶다. 왜 해방적 사유는 "충격적이고 명철한… 신화 같은 것"에 (비)자발적으로 지지를 보내야 하는가?[4]

동굴의 알레고리는 신화적 사유와 행동에 대해 계몽주의 이전의 계몽주의적적 비판을 제공한다. 알레고리는 그로써 직접적으로 해방에 연관되어 있다. 그러나 소크라테스는 우리가 신화를 신화화해야 한다고 제안했었다("en mythò mythologountes").[5] 예컨대 신화의 뿌리에 대해 논박하기 위해서는 '진실되면서도 거짓된 새로운 유형의'[6] 이야기, 곧 2급 신화, 해방적 허구가 필요하다는 말이다. 해방은 허구의 구조를 지닌다.[7] 플라톤의 허구는 특별한 방식으로, 곧 해방적 인류의 생성이라는 측면에서 이를 다룬다. 그것은 인간 존재

4. G. W. F. Hegel, *Lectures on the History of Philosophy, 1825~6*, vol. 3 (Oxford: Clarendon Press 2006), p. 187.
5. 콜라코프스키는 신화적 사유를 넘어서려는 어떠한 시도도 "동굴의 신화라는 판본"을 함축하게 마련이라고 주장했다. Leszek Kolakowski, *The Presence of Myth* (Chicago: Chicago University Press 2001), p. 114.
6. Blumenberg, *Höhengleichnisse*, p. 109.
7. 누구나 알다시피, 나는 여기서 "진리는 허구의 구조를 지닌다"라는 라캉의 유명한 주장을 참조하고 있다. 이는 진리가 존재하지 않는다는 의미가 전혀 아니다. 이에 관해서는 본문에서 다시 다루겠다.

의 진정한 인간적 생성이라는 해방적 주제의 기원을 정식화
했으며, 이 주제는 다양한 방식과 판본들을 통해 ([르네상스]
인문주의자들뿐만 아니라) [근대적] 해방의 사상가들 사이에
서 반복되어 왔다. 잘 알려진 것처럼, 플라톤에게 이러한 생
성은 우선 금지되어 있는 객관적(공간적) 조건을 탈출하는 것
과 관련된다. 동굴 속의 인간은 "어릴 적부터 사지와 목을 결
박당한 상태로 있었고, 이곳에 머물러 있으면서 앞만 보도록
되어 있는데, 포박 때문에 머리를 돌릴 수 없는 탓이다."[8] 수
인囚人의 시선은 오직 하나의 방향만 바라보도록 제약되어
있다. 이는 방향성의 개념이 형성되는 것을 저지하는 동시에
근본적인 방향 상실이 일어나는 상태를 가리킨다. 그래서 이
알레고리는 해방, 또는 해방을 향한 욕망의 출현을 저해하는
방향 상실에 대해 날카롭게 지적하고 있다. "그림자의 세계
는… 내적 세계에 영향을 끼칠 뿐만 아니라 병들게 한다." 즉
그것은 "해방에 대한 [수인의] 의지를 꺾어 놓는다."[9]

그림자 속에서 살아가는 사람들에게 그림자는 완전히 자
연스러운 것이다.[10] 그림자가 실제로 무엇인지 분별하거나

---

8. Plato, *The Republic* (Cambridge: Cambridge University Press 2000), p. 514a-b, p. 220[『국가·정체』, 박종현 옮김, 서광사, 1997, 448쪽].
9. Blumenberg, *Höhengleichnisse*, p. 121.

2. 동굴 속의 마르크스 119

혹은 다른 무엇인가를 욕망하는 것은, 완전히 불가능하진 않더라도 대단히 힘든 노릇이다. 차이에 관해 진지하게 생각해 보는 것은 거의 불가능하다.

이러한 동굴의 거처에서 그들은 자신들이 '세계에' 있으며 또 '집에' 있다고 느낀다. 그래서 그들은 여기에서 신뢰할 수 있는 것을 구한다. […] 심지어 그들은 이러한 감옥을 감옥이라 인식하지도 못하기 때문에 […] 그들은 자기가 보고 있는 현실적인 것이 단지 그림자에 불과할 수도 있다는 그런 가능성을 전혀 짐작조차 할 수 없다.[11]

동굴의 수인은 "말할 줄 모르는 자"가 아니다. 그들은 자신

---

10. 동굴에는 "뒤쪽에서부터 위쪽으로 멀리에서 불빛이 타오르고", 수인들은 "불로 인해서 자기들의 맞은편 동굴 벽면에 투영되는 그림자들"을 보게 된다 (Plato, *The Republic*, p. 515a, p. 220[『국가 · 정체』, 448~449쪽]). 대상들, 즉 "돌이나 나무를 재료로 삼아 만든 작품들과 입상들 그리고 그 밖의 많은 가공품들"(Martin Heidegger, "Plato's Doctrine of Truth," in *Pathmarks* (Cambridge: Cambridge University Press 1998), p. 157[『플라톤의 진리론』, 『이정표 1』, 신상희 옮김, 한길사, 2005, 284쪽])을 수인들의 뒤편에 있는 중간 통로로 실어 나르는데, 그 길은 담으로 막혀 있어서 수인들은 주변에서 옮겨지는 대상의 반영된 그림자만을 보고, 그것을 실어 나르는 사람들의 목소리만 들을 수 있다.

11. Heidegger, *"Plato's Doctrine of Truth,"* pp. 164f[『플라톤의 진리론』, 290~291쪽].

들의 실존을 이루고 거주하는 (하지만 근본적인 '개념'을 갖추지는 못한 채[12]) 상징적 우주에서 살아간다. 플라톤의 시나리오는 인간 이전의 상태에 고집스레 그림자를 드리우고 있다. [그림자와 실재를 혼동하는] 혼란의 효과로 인해 ― 이는 심지어 혼란으로 경험되지도 않는데, 지금의 현 상태를 본질적인 것처럼 여기기 때문이다 ― 동굴 속 사람들은 "오직 자신들이 살아가는 세계의 존재론에 의해 규정되"어 있는 것이다.[13] 동굴에는 제대로 영위되지 못한 (인간의) 삶이 존재한다. 그러므로 우리는 인간의 자유가 실현되지 못하게 만드는 (자연화라는) 혼란스러운 작용들과 맞서 싸우고 비판적으로 해명하고자 하는 모든 기획으로부터 플라톤의 동굴 알레고리의 유산을 찾아내게 된다. 그 가장 유력한 명칭 가운데 하나가 이데올로기 비판이며, 해방적 사유는 그렇게 (제한된) 존재론을 깨뜨리기 위해 지속적으로 매진해 왔다. 이는 발생의 경위와는 무관히 추구되어온 것으로서, 예컨대 "자기 부과적인 미성숙"의 표명일 수 있고(칸트), "상품 형식과 사유 형식의 비밀스러운 동일성"[14]이 존재하는 사회의 생

---

12. Blumenberg, *Höhengleichnisse*, p. 26.
13. Blumenberg, *Höhengleichnisse*, p. 46.
14. Alfred Sohn-Rethel, *Intellectual and Manual Labour. A Critique of Epistemology* (London: Macmillan 1978), p. xiii.

산물일 수 있으며, "항상 이미 전제된 형식"[15]으로부터 파생된 것일 수도 있다. 해방적 사유의 성패는 거의 언제나 신화적 사유의 극복과 그 실천에 달려 있었다. 즉 (의문의 여지가 없는) 신화적 통념과의 대결이 관건이었다.

예를 들어, 우리는 플라톤의 동굴 알레고리에 대한 암시를 "인간은 자유로운 존재로 태어났지만 어디에서나 쇠사슬에 얽매여 있다"는 루소의 테제에서 찾아낼 수 있다.[16] 또는 우리가 생각하고 행동하며 말하는 모든 방식에 영향을 끼치는 "스펙터클의 사회"(드보르)에 대한 비판[17]을 플라톤적 모티프의 재평가로서 읽을 만도 하다. 하지만 인간을 사슬에서 풀려나게 하는 것은, 그것이 실제이든 은유이든, 특정한 조건을 요구하는 복잡한 과제이다. "만일 사회적 존재로서의 우리가 기만을 통해 실존하는 것이라면, 그 누구도, 심지어 마르크스주의자라 할지라도 그 영향권에서 벗어날 수 없을 것이다!"[18] 내가 검토하려는 가설은 다음과 같다. 근대 사회, 즉

15. Michael Heinrich, *An Introduction to the Three Volumes of Karl Marx's Capital* (New York: Monthly Review Press 2004), p. 76.
16. Jean-Jacques Rousseau, *On the Social Contract* (New York: Dover Publications 2003), p. 1[『사회계약론 외』, 박호성 옮김, 책세상, 2017, 21쪽].
17. Giorgio Agamben, *Means without Ends: Notes on Politics* (Minneapolis: University of Minnesota Press 2000), pp. 49ff를 보라.

자본주의 사회가 어떤 의미에서는 특수하게 조형된, 플라톤의 동굴과 유사한 사회적 판본이라면 어쩔 것인가? 만약 마르크스를 "실험적으로", 하지만 일관되게 그런 방식으로 읽어 본다면 어떻게 될까?[19]

먼저, 정확히 말해 동굴이란 무엇인가? 동굴에서의 탈출과 인간의 탄생 사이에서 종종 제기되는 유비類比처럼, 문화적 상태뿐만 아니라 완전히 소멸되지 않은 자연적 동굴 상태의 인간이 존재한다면 어떨까?[20] 어쩌면 동굴은 유일한 [거주] 장소일지 모른다. 플라톤 역시 동굴 밖으로 나간 후에 다시 돌아오는 필연성에 관해 말하지 않았던가? [동굴로의 회귀라는] 이 (퇴행적인) 욕망은 어디서 오는 걸까?[21] 혹은 동굴이란 순수하게 인위적인 설정이며, 지배의 효과적인 도구를 말하는 걸까? 만약 그렇다면, 누가 동굴을 만들었단 말인가?

18. Alfred Sohn-Rethel, *Geistige und Körperliche Arbeit. Zur Theorie der gesellschaftlichen Synthesis* (Frankfurt am Main: Suhrkamp 1972), p. 248. 영어판에는 누락된 부분이다. ─ 프랑크 루다.

19. 아도르노는 헤겔이 오직 실험적으로만 읽힐 수 있다고 말했다. 나는 이 주장을 마르크스에 대한 독해에 대해서도 밀고 가려 한다. Theodor W. Adorno, *Hegel: Three Studies* (Massachusetts: MIT Press 1993), p. 145.

20. 페터 슬로터다이크에서도 이러한 판본을 찾아볼 수 있다. Peter Sloterdijk, *Bubbles: Spheres, Vol. 1: Microspherology* (Los Angeles: Semiotexte 2011).

21. 페렌치에 따르면 "생명체를 출생 이전에 경험했던 나태한 상태로 회귀하도록 유인하는 생물학적 경향"이 존재한다. 즉 동굴로 돌려보내는 것이다. Sandor

이런 질문들은 어떤 방식으로든 항상 근대철학을 사로잡아 왔다. 가령 초기 데카르트는 다양한 선택지들을 변증법적으로 다룬 바 있다. 즉 데카르트적 의미에서 "동굴"이란 자연적 인간 조건(우리는 자연에 의해 기만당하지 않는다)도 아니고, 단순한 문화적 인간 조건도 아니다(우리는 타인의 견해에 구속되지 않으며, 말 그대로 상자 바깥에 관해서는 사유할 수 없는 상태로 은유의 동굴에 갇혀 있지도 않다). 차라리 "genius malignus"(사악한 악령)이 우리에게는 완벽히 자연스럽게 보이는 잘못된 세계를 구성했을지 모른다. 오직 이 환상적 동굴 시나리오를 횡단함으로써만 데카르트는 절대적 확실성의 지점에 도달할 수 있었다(사악한 동굴 창조자가 나를 속이지 못할 것이라고 "나는 생각한다"). 초기 마르크스가 인간의 전사前史라는 관점에서 자본주의의 "사악한 악령" 및 노동의 훈육 체제에 의해 인간 존재에 부과된 소외를 묘사했을 때, 그 역시 이런 시나리오를 수정해서

Ferenczi, "Versuch einer Genitaltheorie," in *Schriften zur Psychoanalyse*, vol. 2 (Frankfurt am Main: Psychosozial Verlag 2004), p. 333. 내부적 필요가 아니라 외부적 필요로 인해 동굴로 회귀하는 테마는 헤겔의 입장이다. "사람들은 동굴 속에서 살면서 보호를 받으려 했고, 한 민족 전체가 다른 거주지를 갖지 못했다. 이로부터 긴급한 필요가 생겼던 것이다." G. W. F. Hegel, *Aesthetics, Lectures on Fine Arts*, Vol. II (Oxford: Clarendon Press 1975), p. 648[『헤겔의 미학 강의 3』, 두행숙 옮김, 은행나무, 2010, 93쪽].

사용했다고 할 만하다. 곧 "사슬 이외에는 가진 것이 없는"[22] 자들의 혁명적 활동을 통해 탈출해야 하는 상태가 바로 그것이다. 하지만 이 탈출은 또 다른 그림자적 존재에 의해서만, 곧 공산주의라는 유령의 도움을 통해서만 실현될 수 있음을 기억하자. 알프레드 존-레텔은 후기 마르크스와 동굴 알레고리의 연계점을 은연 중에 밝혀 낸 사람이다. 그에 따르면 "생산의 자본주의적 관계"는 궁극적으로 "모든 사물이 서로를 정상적인 것으로 보이게 만드는 망상의 연관"을 이루고 있다는 것이다.[23]

플라톤은 사슬에 묶이고 그림자에 붙박인 동굴(속의 속박)의 연원에 대해 최소한 세 가지 선택지를 제시했다. 먼저, 동굴은 우리 본성의 일부일 수 있다. 왜냐하면 인간 영혼의 구조와 이성적인 것의 추구 상태 사이에는 유비가 성립하기 때문이다. 그 같은 추구는 비이성적인 것을 좇는 우리의 성향과 벌이는 투쟁을 늘 암시하게 마련이다. 다음으로, 동굴은 국가의 두 주적들, 즉 소피스트나 시인에 의해 만들어졌을 수도 있다. 『국가』의 제10권에서 플라톤은 가장 이성적인 인

---

22. Karl Marx/Friedrich Engels, *The Communist Manifesto* (London: Pluto Press 2008), p. 84.

23. Sohn-Rethel, *Geistige und Körperliche Arbeit*, p. 248. 영어판에는 누락된 부분이다. — 프랑크 루다.

간조차 사로잡아 버리는 그림자적 재현을 창조한다는 이유로 시인을 비판한 바 있다(일반적으로 예술가들이란 모사물의 모사물을 만들어 내는 자들인데, 그것이 너무나도 유혹적이기에 실재 사물, 즉 이데아에 일치하는 듯 보일 정도다). 그뿐 아니라 플라톤은 (특히 드라마적인) 시문학을 공격했는데, 위험이 발생하는 경우는 우리가 모방과 실제적인 연관을 갖게 될 때, 즉 [허구와 현실을 구분 못한 채] 행동할 때인 탓이다. 그림자 공장으로서 예술에 대한 플라톤의 문제 의식은 단지 인식론적인 점만이 아니라 (이데올로기에 대한 마르크스의 문제 의식과 같이) 실천적인 점에도 있었다. 예컨대 누군가가 다른 사람을 모방하기 시작하자마자, 곧 "누군가 타인의 목소리로 말하기 시작하자마자⋯ 그는 타인의 정체성을 받아들이지 않을 수 없다." 그리하여 "그는 자신이 연기하고 있는 사람이 된다." 그는 무언가를 하고 있는 척하는 것이다. 그리고 그 무언가는 또 다른 무언가로 그를 이끈다. 결국 그는 자신이 하고 있는 척하는 것에 속박되고 만다.[24]

미메시스는 더 나은 지식을 거부하는 데 있어서도 전염성이 있으며, 혼란스러운 효과를 일으킨다(그 와중에 우리는 이데

---

24. Mladen Dolar, "The Comic Mimesis," in *Critical Iquiry 43* (Winter 2017), pp. 577, 574.

아에 대한 정향성을 상실하고 만다). 우리는 우리 자신이 그저 "환상적인 객관성"(마르크스)을 다루고 있음을 잘 알지만, 그럼에도 불구하고 그것은 우리의 내적 삶에 영향을 끼치게 된다. 예술적 미메시스는 우리로 하여금 그림자적 재현의 왕국으로 입성하게 만드는 실천에 대해 플라톤이 붙인 이름 중 하나다.[25] 그와 마찬가지로 소피스트들은 "유혹적인 이미지의 창조자"로서, 우리의 사유와 행동을 비일관적인 방향으로 나포하여 끌어 가는 "언어로써 이미지를 생산하여… 마술을 부리는"[26] 자들이다. 그들은 통찰과 지식, 논쟁 및 '감정적 이미지'의 그림자를 제공하여 '한갓된 만족감'을 양산하는데, 특히 진리에 익숙지 않은 사람들이 그것을 통해 포획되어 버리고, 이로써 마침내 "가상이 인간의 행복 위에 군림하게 된다."[27] 시인과 소피스트는 사람들의 이론적이고 실천적인 행위에 대해 혼돈을 야기한다. 아마도 보다 최근에 바디우Alain Badiou가 이 같은 비판을 부분적으로 다시 제기했음을 떠올

---

25. 순수 사유의 왕국 또한 상상된 것임을 고려하게 된다면 사태는 더욱 복잡해질 것이다. 헤겔에게 그것은 "그림자의 왕국"이었다. G. W. F. Hegel, *The Science of Logic* (Cambridge: Cambridge University Press 2010), p. 37. 이에 대해서는 마지막에 간단히 다루겠다.

26. Blumenberg, *Höhengleichnisse*, p. 111.

27. Blumenberg, *Höhengleichnisse*, p. 117, 102.

려 볼 수 있을 듯하다. 공산주의 국가의 몰락과 자본주의의 전 세계적 승리 이후, 그는 철학자인 척하면서[28] 정치적 문제들을 오도하고 "그릇된 사유의 방식"[29]을 선전하는 소피스트들의 부흥에 관해 언급했다. 그들은 진리와 억견doxa, 臆見 사이의 구별을 약화시킴으로써 이 구별에 의존하는 모든 정치적 행위를 범죄화했고, 마침내 잘못된 해결책을 제시할 뿐만 아니라 더 나쁘게는 가짜 문제를 제공함으로써 어떠한 실재적인(정치적인) 사유도 효과적으로 작동하지 못하게 만든 장본인들이다. 또한 바디우는 오늘날의 억압이 갖는 중요한 특징 하나는 "아무 생각 없이 살아라"[30]라는 보편적 정언 명령에 있다고 반복적으로 주장했다. 그것은 통상적으로는 경험할 수조차 없는 고통으로 우리를 끌고 가 버렸다.

그림자가 만들어 내는 가장 복잡다단한 산물, 즉 자본주의에 대한 비판적 문제 제기로서 마르크스를 읽을 수 있을까? 이는 우리의 시선을 잡아끄는 것으로부터 그저 거리를 두면 된다는 따위의 문제가 아니다. 그런 태도는 냉소주의의 형

---

28. Alain Badiou, *D'un Désastre obscur. Sur la fin de la vérité de l'Etat* (Paris: Aube 1998), p. 52ff.

29. Blumenberg, *Höhengleichnisse*, p. 113.

30. 이것이 왜 젊은이들에게 영향을 끼치는지에 관해서는 Alain Badiou, *The True Life* (Cambridge: Polity 2017)를 보라.

태로 즉각 구체화되며, 문자 그대로 "냉소주의"를 통해 "진보하는"[31] 체계의 주요한 기능 요소가 될 것이다.[32] 또한, 자본주의의 기능이 그저 인식론적 오류에만 달려 있는 것도 아니다. 마르크스에게 중요한 점은 경제적 추상화(와 세계-없음의 사변)를 거부하거나, 소외되지 않은 구체적 삶의 "한갓된 아름다운 그림자"[33]로 회귀하는 데 있지 않다. 부르주아지는 근대적 의식을 가진 동굴 창조자와 성급히 동일시될 수 없다. 자본주의의 논리는 체계로부터 (일시적으로) 이익을 얻는 사람들이라도 그 체계의 작동에서 면제될 수 없음을 암시하는 탓이다(그러므로 우리는 어떤 순간에라도 특권을 상실할 수 있는 "월급쟁이 부르주아지"[34]에 관해 말할 수 있다). 이 모든 것은 마르크스가 자본주의 하에서 사회적 관계를 잘못 재현했던 초기 경제학자들을 비판하지 않았던 이유가 된다. 대신 그는 그들

---

31. 이에 대해서는 슬라보예 지젝이 "서구 불교"라 부르며 계속 분석해 왔다. Slavoj Žižek, "From 'Western Marxism' to 'Western Buddhism'," in *Cabinet* 2 (Spring 2001), at http://www.cabinetmagazine.org/issues/2/western.php.

32. Jacques Ranciere, "The Concept of Critique and the Critique of Political Economy: From the 1844 Manuscripts to Capital," in Louis Althusser, Étienne Balibar, Roger Establet, Jacques Ranciere, and Pierre Macherey, *Reading Capital, The Complete Edition* (New York: Verso 2015), p. 68.

33. Karl Marx, *The Poverty of Philosophy* (London: Martin Lawrence Limited, 1937), p. 66.

34. Jean-Claude Milner, *Clartés de tous* (Paris: Verdier 2011)를 보라.

의 잘못된 재현을 "부르주아 사회의 구성원들이 일상의 실천을 통해 얻은 결과로서 독자적으로 발전한 현실의 이미지"[35]로 읽고자 했다. 그것은 일상생활 속에서 기이한 자본주의적 종교가 표현된 결과였다. 이는 마르크스가 "상상적"[36]이라고 명쾌하게 묘사했던 객관성, 즉 상품의 "순수하게 환상적인 객관성"에 대한 실천적 관여로부터 유래한 것이다. 자본주의에서는 모두가, 심지어 자본가나 경제학자들조차 "현실의 도착을 '자발적으로' 일으키는… 이것[상상적인 환상적 객관성]에 매달린다"는 점을 마르크스는 잘 알고 있었다.[37] 자본주의에서 매일의 실천적 현실은 "종교적"이고 신화적인, 또는 "형이상학적인 계기"[38]를 구성적으로 수반한다. 이 같은 주장은 자본주의의 구성적 틀이 갖는 모든 개념들에 관련되어 있다.[39] 그리하여 교환적 순환에서 특수한 종류의 (가치발생

35. Heinrich, *An Introduction*, pp. 34f.

36. Karl Marx, Capital. *A Critique of Political Economy* (London: Penguin Books 1993), p. 677.

37. Heinrich, *An Introduction*, p. 95.

38. Slavoj Žižek, Living in the End Times (New York: Verso 2010), p. 190.

39. "현실적 관계를 비가시화하고 그와 정반대되는 관계를 보여 주는 이 현상 형태야말로 노동자와 자본가의 일체의 정의 관념, 자본주의적 생산 양식 일체의 신비화, 자유에 대한 자본주의의 모든 환상, 속류 경제학의 모든 변호론적 속임수 등의 기초가 되고 있다." Marx, *Capital*, p. 680[『자본론 I(하)』, 김수행 옮김, 비봉출판사, 1989, 681쪽].

적) 상품인 노동과 노동력의 모든 개념은 궁극적으로 그림자
적인 추상화임이 밝혀진다. "추상화가 상품의 전체 궤적을
지배하며"[40], "[상품 형태와 노동 생산물의 가치 관계는] 상품
의 물리적 성질이나 그로부터 발생하는 물질적 관계와는 아
무 관련도 없다."[41]

자본주의가 기능하는 본질적 차원은 [특이적인] 인상을 창
조해 낼 필요에 있다는 것, 그 같은 인상은 마르크스가 언젠
가 "역사적 생산 관계의 영속화"[42]라 불렀던 유일하고도 자
연스러운 사회 조직의 방법이라는 것을 그는 명확히 알고 있
었다. 교환 관계에 들어감으로써 상품은 "처음부터 가치 형
태를 지니고 있는"[43] 듯—특수한 취급 방법에 따른 결과로서
가 아니라 사물의 속성에 본래부터 특별한 가치가 내재했던
것인 양—여겨지게 된다. 더 나아가 자본주의의 법칙은 마
르크스가 비판적으로 논전을 벌였던 "이데올로그들이 신화

---

40. Sohn-Rethel, *Intellectual and Manual Labour*, p. 19. 추상화와 환원의 과정이
    매우 중요한 것임에도 불구하고, 앞으로 나는 교환 과정에서 발생하는 것만을
    검토하겠다.
41. Marx, *Capital*, p. 165[『자본론 I(상)』 김수행 옮김, 1989, 92쪽].
42. Karl Marx, *Grundrisse. Foundations of the Critique of Political Economy* (거
    친 초고) (London: Penguin 1993).
43. Marx, *Capital*, p. 149[『자본론 I(상)』 72쪽].

와 허구를"[44] 자연화할 때 정확히 표현되어 왔다. 따라서 자
본주의는 스스로를 자연화하려는 경향을 갖고, 자본주의 생
산 양식 이전의 모든 흔적들을 지워 버리게 된다. 왜냐하면
"상품 생산의 사회적 형식은 우리의 지각과 사유를 구조화함
으로써"[45] 궁극적으로는 역사·사회적 관계의 "영속적인 자
연적 필연성"[46]을 주장할 정도로 확장되는 까닭이다. 이 장章
이 의도하는 도전은 자본주의를 자연화된 그림자 왕국으로
서 읽는 것이며, 그 목적은 자본주의로부터 탈출하는 방법에
대한 질문에 답하려는 데 있다.

『자본』의 첫 번째 문장은 마르크스 사유의 출발점을 보여
준다. "자본주의적 생산 양식이 지배하는 사회의 부는 상품
의 방대한 집적으로 나타난다."[47] 이는 그를 상품에 대한 형
태적 분석으로 이끌었던 단초이다. 마르크스가 부를 역사적
으로 특수하게 나타나는 현상으로서 언급하고 있음은 분명

---

44. Fredric Jameson, *Representing Capital: A Reading of Volume One* (New York: Verso 2011), p. 69.
45. Michael Heinrich, *Wie das Marxsche Kapital lesen? Leseanleitung und Kommentar zum Anfang des "Kapital"* (Stuttgart: Schmetterling 2008), p. 193.
46. Marx, *Capital*, p. 999.
47. Ibid., p. 125[『자본론 I(상)』, 43쪽]. 강조는 나의 것이다. 이에 대해서는 David Harvey, *A Companion to Marx's Capital* (New York: Verso 2010), p. 15ff를 참조하라.

하다. 아담 스미스Adam Smith 같은 그 이전의 경제학자들은 부를 그것이 실존하는 사회적 형태로부터 독립적인 것으로 여겨왔다. 때문에 『자본』은 부의 출현에 대한 자본주의적 논리를 비판적으로 분석하고자 한다. 이 세계에서 그림자적 실체는 그것을 생산하는 자들을 사로잡고 규정짓는다. "종교에서는 인간 자신의 두뇌의 산물이 인간을 지배하듯이, 자본주의적 생산에서는 인간 자신의 손의 산물이 인간을 지배하는"[48] 까닭이다. "임금 노동자 자신이 자신을 위해 이미 만들어 낸 금사슬"[49]이 그러한 요소들인 바, 그 자체로는 자신을 나타내지 않는 사회적 생산 관계의 조직 요소들을 표현한다. 자기를 체계에 옭아매는 사슬을 만들어 내는 것은 노동자 자신만은 아니다. 근대 사회가 작동하는 경제적 법칙을 비판적으로 제시하는 것은 또한 자기를 속박하는 실제 기능에 관한 서술을 함축한다.[50] 따라서 "마술에 걸려 왜곡되고 전도된 세

---

48. Marx, *Capital*, p. 772[『자본론 I(하)』, 785쪽].
49. Marx, *Capital*, p. 769[『자본론 I(하)』, 785쪽].
50. 자본주의 사회의 기능에 관해 하인리히는 다음처럼 설득력 있게 논평한 바 있다. "자본주의 사회에서 자본과 '토지'는 마술적 능력을 획득한다. 그것들은 이른바 원시사회에서 나무나 옷가지에 대한 물신과 비슷한 것이 되기 때문이다. 따라서 부르주아 사회는 '마법에 걸린' 세계이며, '사물의 인격화'가 벌어지는 곳이다. 사회적 과정의 주체는 인간이 아니라 상품, 화폐, 자본이다." Heinrich, *An Introduction*, p. 184.

계, 므슈 자본과 마담 토지가 사회적 인물이자 단순한 물건으로서 춤추는 세계"[51]에 관한 비판적 연구, 그리고 과학의 구성적 전제들을 설명하려는 비판적 참여는,[52] 어쩌면 매우 특별한 종류의 동굴이나 다름없는 "지옥의 출입구"[53] 앞에서 겪는 우리의 경험과 비슷할 것이다.

만약 내 가설이 합당하다면, 동굴에서 탈출한다는 것이 무엇을 뜻하는가라는 질문이 명확히 제기되어야 한다. (사슬에서 벗어난다는 의미에서) 해방의 단초는 어떻게 상상 가능하며, 누가 자유롭게 될 것인가? 어떠한 강제가 "사유하도록 강요될" 필요가 있는가?(들뢰즈) 하이데거가 언급했듯, 동굴을 떠나기 위한 준비로서 수인이 사슬을 풀어 내는 것만으로는 왜 충분하지 않은가? 여기에 무엇이 덧붙여져야 하는가? 어떻게 하면 동굴의 바깥을 상상할 수 있을까? 플라톤에

51. Karl Marx, *Capital, A Critique of Political Economy*, vol. 3 (London: Penguin 1991), p. 969[『자본론 III(하)』, 김수행 옮김, 비봉출판사, 1990, 1023쪽].
52. 이는 정치경제학 비판이 그것이 묘사하는 사회의 거울이라는 뜻은 아니다. 오히려 정치경제학 비판은 "실제적 관계의 반영이라기보다 이미 변형되고 마술에 걸려 버린 세계의 반영이기 때문이다. 이는 반영의 반영이자 환영의 환영이라 할 수 있다." 그러므로 정확히 말해 이데올로기인 셈이다. Kofman, *Camera Obscura*, p. 11.
53. Karl Marx, *A Contribution to the Critique of Political Economy*, in MECW, vol. 29 (New York: International Publishers 1987), p. 265.

게 좋음good의 사상이 (그늘에서 벗어난다는 의미에서) 탈출의 "사건"[54]뿐만 아니라 (동굴로의) "회귀"[55]에도 연결되어 있음을 고려한다면, 동굴을 떠난다는 것과 돌아온다는 것은 어떤 의미를 가질까? 누군가 되돌아가고자 할 때, 즉 다른 동굴의 수인이 해방되길 원치 않는다고 할 때 생겨나는 문제에는 어떻게 대처할 것인가? 그런 이들에게 지식이 아닌 다른 것, 곧 이데아를 어떻게 전해 줄 것인가? 설령 내가 이 질문들에 적확한 답변을 할 수 없을지라도, 이에 대한 답안을 염두에 두는 모든 이들에게 모종의 방향성을 제공할 수는 있을 듯하다. 나의 출발점은 플라톤의 동굴이 갖는 특별한 효과를 표면화했던 초기 마르크스의 논평들이다. 그 동굴에는 인간이 비-인간 혹은 전前 인간적 상태에서 살아가고 있다.

동굴에서

1843/44년 초엽의 수고본에서 마르크스는 이렇게 적었다. "정치경제학은 노동자를 노동하는 짐승으로만, 최소의 신체적 욕구로만 환원된 동물로 간주한다auf die striktesten

---

54. Heidegger, "Plato's Doctrine of Truth", p. 165[『플라톤의 진리론』, 292쪽].
55. Blumenberg, *Höhengleichnisse*, p. 111.

Leibesbedürfnisse reduziertes Vieh. "[56] 생산의 부르주아적 관계만을 취급하는 정치경제학은 노동자를 동물, 가령 소처럼 여길 뿐이다. 내친 김에 마르크스는 자본주의에서 노동자의 자본주의적 동물화라 부를 만한 것에 대해서도 언급한다.[57] 그런데 여기에는 초기의 마르크스를 휴머니즘적 클리셰로 읽는 것보다 더 많은 것들이 담겨 있다. 만일 자본주의가 "인간은 동물이라는 생각을 절대화하는 유일한 체제라면"[58], 그러한 환원 작업은 플라톤의 동굴 설정과 비슷해 보이지 않는가? "자본주의 주체성 이론"[59]은 동굴 수인의 주체성에 유비적인

56. Karl Marx, *Economic and Philosophical Manuscripts*, in *Early Writings* (London: Penguin Books 1992), p. 290[『1844년의 경제학 철학 초고』, 최인호 옮김, 박종철출판사, 1991, 230쪽].

57. 만약 자본주의가 그것의 노동모델을 보편화하려 한다면, 네그리와 하트의 주장에서 확인할 수 있듯 (객관적인 계급구성으로서) 즉자적 계급과 (계급으로서 조직되어 행동할 때 나타나는) 대자적 계급 사이의 전통적 구별은 이론적으로 극복될 필요가 있다(노동 조건에 따라 실천적으로는 이미 극복되어 왔다). 예컨대 부유한 증권인수업자나 브로커는 통상의 공장 노동자만큼이나 (어쩌면 더욱) 열심히 일하기 때문이다. Michael Hardt and Antonio Negri, *Labor of Dionysus, A Critique of the State-Form* (Minneapolis: University of Minnesota Press 1994). 일찍이 마르크스가 주장하길, (비단 공장 노동자뿐만 아니라) 그 어떤 노동자도 그렇게 최소치로 환원될 수 있다. 왜냐하면 "통상적 임금은 통상적 인간 존재에 부합하는… 최저의 것이다." Marx, *Manuscripts*, p. 283[『초고』, 221쪽]. 아마도 이것이 "오늘날의 세계가, 뛰어나게 예측되었듯이, 정확히 공상과학 소설의 일종으로 보이는 이유이리라. 실상 마르크스는 자본주의의 비합리적이고 괴물적인 잠재력이 만개하리라는 것을 내다보고 있었다." Alain Badiou, *The Rebirth of History* (New York: Vero 2012), p. 12.

게 아닌가? 이 같은 비밀스럽고 신화적인 관점(경제학자들에게 노동자의 지각 작용은 완전히 자연스러운 것처럼 보이겠지만 실상 그러한 투명성이란 결국 외관에 지나지 않는다)에 대한 해명, 그리고 재현의 "환상적 형식"[60]에 함축된 "왜곡의 계기"[61]에 대한 기술은 오직 세밀한 분석에 의해서만 가능할 것이다. 그러므로 이 질문들에 답하기 위해서는 마르크스가 제기했던 "환원"을 어떻게 사유할 것인지가 중요하다.

마르크스의 주장이 "우리가 어떻게든 동물의 수준으로 '퇴행하고 있다'는 우스꽝스런 결론"[62]을 내려는 게 아니란 점을 분명히 주지해 둘 필요가 있다. 그는 자본주의가 모든 사람을 진화론적 전前 단계의 생물종으로 퇴행시킬 수도 있는,

58. Alain Badiou, Frank Ruda, and Jan Völker, "Wir müssen das affirmative Begehren hüten," in Alain Badiou, *Dritter Entwurf eines Manifests für den Affirmationismus* (Berlin: Merve 2009), p. 56.
59. Rancière, "The Concept of Critique," p. 84.
60. Marx, *Capital*, p. 165.
61. Heinrich, *Wie das Marxische Kapital lesen?*, p. 169.
62. Slavoj Žižek, "Welcome to the 'Spiritual Kingdom of Animals'," at http://blogdaboitempo.com.br/2012/09/18/welcome-to-the-spiritual-kingdomof-animals-slavoj-zizek-on-the-moral-vacuum-ofglobal-capitalism/. 마르크스는 다음처럼 명확히 기술했다. "동물은 교환할 수 있는 능력이 없다"(Marx, *Manuscripts*, p. 373[『초고』, 206쪽]), 그리고 이러한 유형의 환원을 발생시키는 것은 정확히 교환(과 생산)의 체계이다. 교환의 체계로부터 동물로의, 도정이 존재한다. 하지만 동물에서 교환으로의 도정은 없다.

모종의 진화론적 하락을 함축하고 있다는 정도의 설명으로 만족하지 않았다. 마르크스에게 환원은 퇴행적인 게 아니라 오히려 생산적인 것이란 점을 염두에 두어야 한다.[63] 또 다른 맥락에서 프레드릭 제임슨이 논평했듯, "노동자는 환원될 뿐만 아니라 무엇보다도 우선 생산되는 존재"[64]인 것이다. 자본주의는 노동자를 환원시키는 바로 그 본성을 생산한다. 이는 정치경제학 비판의 주요한 목적을 지시해 준다. 정치경제학의 범주는 단지 특정한 객관적 현실, 즉 노동자의 실제 사회적 실존을 그릇되게 재현하는 것만이 아니다. 오히려 정치경제학은 자본주의의 고유한 현실 자체를 생산한다. 이는 정치경제학의 모든 범주가 참된 세계를 참조하지 않는다거나, 과학적이고 초구조적인 장치로 만들어진 과학적 표현을 수용하는 허구에 불과하다는 뜻이 아니다. 차라리 정치경제학이 참조하는 실체는 계급 편향적인 사회적 현실의 일부라는 것이다. "정치적 주체성에 의해 이미 매개되지 않은 '객관적 사회 현실'이란 존재하지 않는다."[65] 부르주아지의 세계(관)에서는 어떠한 노동자라도 동물로 환원된다. 그 같은 노

---

63. "환원의 사회적 과정"에 대해서는 Heinrich, *Wie das Marxsche Kapital lesen?*, pp. 96ff., 102, 151을 보라.

64. Jameson, *Representing Capital*, p. 63.

65. Žižek, *Living in the End Times*, p. 183.

동자가 실제로 실존하는 현실을 창조하는 정치경제학 및 부르주아 체계에 대해 마르크스가 비판했던 이유가 여기에 있다.[66] 이런 의미에서 "노동자"는 진정한 추상이고, 그것을 구성한 "[비록 의식적인 것은 아닐지라도] 선행하는 추상의 결과"[67]이다. 이는 정치경제학에서 "텍스트[『자본』 및 그와 동일한 논지에서 초기 마르크스의 텍스트들]가 분석하는 모든 범주들은… 계급투쟁에 관련되어 있다"[68]는 뜻이다. 환원된 노동자는 "노동자"의 계급 특정적 재현인 동시에 그것이 기술하는 현실 자체를 구성하는 재현이기도 하다.

마르크스에게 노동자가 환원되는 자연 상태란 언제나 이미 제2의 자연 상태라는 사실을 의미한다.[69] 이는 노동자가 단순히 길들여진다는 점을 시사하는 게 아니다. 『자본』에는 "인류의 역사가 시작될 당시에는 가공된 돌이나 나무, 뼈나

---

66. 마르크스의 기업과 정치경제학 개념에 대한 유용한 설명은 Michael Heinrich, *Die Wissenschaft vom Wert: Die Marxsche Kritik der politischen Ökonomie zwischen wissenschaftlicher Revolution und klassischer Tradition* (Stuttgart: Westfälisches Dampfboot 2001)을 보라.

67. Heinrich, *Wie das Marxsche Kapital lesen?*, p. 13.

68. Žižek, *Living in the End Times*, p. 204.

69. 제2의 자연이란 관습과 동의어이다. 후기 마르크스는 "모든 상품에 대한 가치 일반의 표현" 즉 화폐는 주로 "사회적 관습"Gewöhnung에 따라 결정된다고 썼다(Marx, *Capital*, pp. 158, 162).

조개껍데기 외에도 길들여진 동물, 즉 노동에 의해 변화된 동물들이 노동 수단으로서 중요한 역할을 맡았다"[70]는 언급이 나오지만, 그럼에도 불구하고 마르크스에게 환원은 노동을 통한 인간의 길들이기[가축화]가 아니다. 인류가 노동에 의해 인간이 된 것과 달리, 정치경제학적 노동은 노동자를 동물로 변화시켰다고 볼 수 없다. 길들이기는 제2의 본성을 만들어 내지만, 제2의 본성의 형성은 그 자체로 환원을 함축하지 않는다. 오히려 마르크스의 말은 정치경제학이 인류 역사의 초기 효과를 역전시킨다는 뜻이다. 만일 우리가 여기서 여하한의 길들이기의 효과에 대해 다루고 있다면, 그것은 "문명의 초기 단계에서 길들여진 동물[가축화]의 중요성"과는 다른 것이어야 한다.[71] 우리는 역사의 진보가 아니라 환원을 수반하는 길들이기와 마주해 있다. 그것은 아무런 문명적 요소도 없는 상태로 구축된 질서가 영구적으로 재생산되는 것을 보장한다. 길들이기에 직면하는 것은 비문명화이자 탈역사화를 가리킨다. 생산적 환원과 환원적 생산의 이 기이한 과정은 어떻게 작동하는 걸까?

70. Marx, *Capital*, pp. 285~286[『자본론 I(상)』, 228쪽].
71. Marx, *Capital*, p. 286[『자본론 I(상)』, 228쪽].

잉여 추상

　정치경제학은 노동자가 동물일 뿐이란 점을 잘 알고 있다. 그리하여 자본주의는 "탈인간화된 존재(들)"[72]로 채워진 거대한 동물원이 된다. 이곳에는 "개별적으로는 무력하여 항상 쫓겨다니는 동물종의 대량적 재생산"[73]만이 있다. 그러나 자본주의는 자연이 아니다. 여기서 자본주의 정치경제학이 의존하는 또 다른 작동 과정 즉 추상화를 따라가 보는 게 유익할 듯하다.[74] 자본주의적 환원주의와 추상화 이론이 어떻게 연결되는지는 다음 마르크스의 진술에서 명확히 드러난다. "먹는 일, 마시는 일, 생식하는 일 등등은 물론 인간적인 기능들이다. 그러나 그런 일들을 인간적 활동의 여타 영역으로부터 분리하여 최종적이고도 유일한 궁극 목표로 만들어 버

72. Marx, *Manuscripts*, p. 260.
73. Marx, *Capital*, p. 797[『자본론 I(하)』, 810쪽].
74. 『정치경제학 비판 요강』에서 마르크스는 추상화가 특수한 사회적 조건에 의존해 있음을 특히 강조했다. "노동은 범주에 있어서만이 아니라 실제로도 부 일체를 창출하기 위한 수단이 되었고, 더 이상 규정으로서 특수성 속의 개인들과 유착되어 있지 않다. 그러한 상태는 부르주아 사회들의 가장 근대적인 현존 형태에서 가장 발전되어 있다… 요컨대 근대 경제학이 우선적으로 앞세우고 있고, 매우 오래되어 모든 사회 형태에 유효한 관계를 표현하는 가장 단순한 추상이, 가장 근대적인 사회의 범주로서 실제로 사실인 것으로 나타난다." Marx, *Grundrisse*, pp. 104f[『정치경제학 비판 요강 I』, 75쪽].

리는 추상 속에서는, 그러한 일들은 동물적인 것이다."[75] 노동자에 대한 동물로의 환원은 인간의 삶의 형태에서 추상화가 기능하기 이전의 행위에 근거를 둔다. 그래서 초기 마르크스에게 추상화는 이미 정치경제학의 중요한 범주가 되어 있다. 인간의 형태에서 특정한 기능을 박탈하는 것은 형태의 해체, 탈형태화의 계기로 보이기에 언뜻 보아 이는 환원적인 것처럼 여겨질 수도 있다. 하지만 설령 추상화가 문명을 벗어난다 할지라도, 그것은 구체적인 기능을 망각하지는 않는다. 오히려 추상화는 특수자의 특수한 양상을 본질적인 것으로 만든다. 추상을 통해 어떤 구체적인 규정을 내리고, 개별적인 것으로 골라냄으로써 그 기능의 특수한 담지자가 갖는 본질적 특징을 실체화하는 것이다. 그렇게 추상화는 특수한 기능을 취하며, 일반적 형태를 ([인간적] 맥락을) 박탈하고, 이 특수성의 특수한 성질을 본질화한다. 구체적 특수성의 특수한 측면을 본질화함으로써, 추상화는 특수한 사물(이 경우에는 노동자)의 일반적 본질을 특수한 것으로 만든다. 이것이 추상화가 특수자의 특수화를 본질화한다고 주장하는 이유다.[76]

75. Marx, *Manuscripts*, p. 327[『초고』, 272쪽].
76. 후일 마르크스는 이에 대해 "노동자를 평생 하나의 부분 작업에 결박하는 것"이자 "자본에 대한 노동자의 완전한 종속"이라 불렀다. Marx, *Capital*, p. 477[『자본론 I(상)』, 454쪽].

구체적 특수성에 직면하여, 추상화는 특수성에 포함된 모든 보편적인 것을 무시한 채 특수성이라는 형태만을 강조한다. 정확히 말해 환원은, 특수성의 형태(즉 하나의 기능이)가 유일한 보편적 규정으로 실정화됨으로써 그 형태가 특수성의 본질로 드러나게 될 때 일어난다. 특수화된 특수 그 자체가 새로운 본질, 새로운 (보편적) 유類로서 실정화될 때 환원이 일어나는 것이다. 우리는 여기서 추상화 과정이 "어떻게든 고유한 권리를 갖는 것이 되지 못한다면",[77] 그리고 환원으로 연계되지 않는다면 결코 일어나지 않으리란 점을 덧붙여야 한다. 환원에 의해 유[적 존재]로 만들어지는 것은 괴물적인 노동자-동물이다. 그러므로 (객관적) 현실에는 객관적 "노동자"가 존재하지 않는다. 그 대신 "노동자"는 특별한 주체-위치를 서술하는 기표가 된다. 달리 말해, 노동자는 "생물학적으로 주어진" 실체가 아니라 "사회적으로 생산된 것"이다.[78]

그렇다면, 추상적으로 사유한다는 것은 어떤 의미인가? 추상적 사유 일반은 근본적으로 추상적 사유와 구체적 사유 사이의 추상적 구별에 의존하기에 특수화하는 것이고 또 특수화되어 있다. 이 구별은 양쪽 모두를 다만 특수한 것으로 바

77. Jameson, *Representing Capital*, p. 25.
78. Heinrich, *Wie das Marxsche Kapital lesen?*, p. 95.

꾸고, (두 가지 가능성 가운데 단지 하나로서) 추상이 보편적인 것이 되는 것을 불가능하게 만든다.[79] 그럼에도 불구하고 추상화는 보편성의 규정을 변환시키고 재이중화함으로써 그것을 독점해 버린다. 만약 (추상과 구체 사이의 추상적 구별로 인해) 특수성들만 가능하다면, 오직 특수성만 존재하는 것이 되고, 따라서 역시 추상화만이 존재하게 된다. 그러므로 추상화가 환원을 견인한다. 가령 추상화를 통해 모든 특수성을 총체화하고 실체화하는 것은 (그 추상적 전제들의) 본질화 과정을 수반하게 마련이다.[80] 추상화가 야기하는 특수화가 총체화되고 그로써 본질화될 때 추상화는 환원적이라 말할 수 있다. 추상 자체가 존재하는 모든 것이 될 뿐만 아니라 새로운 특수, (가령 "노동자" 같은) 구체적 실체로

---

79. G. W. F. Hegel, "Who Thinks Abstractly?" in *Hegel: Texts and Commentary* (New York: Anchor Books 1966), pp. 113~118.

80. 두 가지를 덧붙인다면 다음과 같다. (1) 추상화는 언제나 그것의 고유한 구성을 통찰하지 못하게 방해한다. 추상화는 그것의 특수한 실존 조건에 대한 상상적인 총체적 관계이다. 이는 부르주아 정치경제학이 이데올로기적 구성물임을 의미한다. (2) 추상화는 왜 화폐가 추상적인지 설명해 준다. 일반적 등가물로서 화폐는 특수성의 형태(상품)를 본질화함으로써 모든 특수한 상품에 관련되는 특수한 상품이다. 추상화가 다시금 스스로에게 적용되고 배가될 때, 특수성의 특수화(라는 일반적 작용)는 더욱 심오한 보편화를 겪는데, 이러한 관계를 마르크스는 자본이라 불렀다. 자본이 화폐를 낳는 화폐(자기실현적 가치)이자 추상화에 대한 추상적 관계로서 제시되는 까닭이 여기 있다. 자본주의에서 모든 것은 이러한 과정의 영구적 작동이라 할 만하다.

정위될 때 추상이 본질화되는 것이다. 특히 어떤 것이 추상 작업에 추상적으로 연결될 때, 그리고 특수한 대상의 특수한 측면을 본질화함으로써 그로부터 (대상의 그림자 같은) 새로운 대상이 만들어질 때, 더욱 특수하게 작동하는 환원이 존재한다. 환원은 언제나 추상 행위로부터의 추상, 추상화의 재배가를 함축한다. 환원은 잉여 추상이다.

재배가된 추상화는 환원적 잉여를 발생시킨다. 추상화를 통해 인간의 특수한 기능은 특수한 행위 이외에는 아무것도 아닌 것이 되어 버린다. 추상화는 특수한 것(기능)의 바로 그 특수성이 갖는 형태를 강조한다. 예컨대 그 기능이 노동자, 즉 노동자라는 존재와 동일시된다면, 환원적 본질화가 존재한다고 할 수 있다. 이 과정은 새로운 유를 생산한다. 정치경제학은 노동자를 동물로 간주하지만, 그 동물은 진정 특수한 동물인 바, 잉여 추상의 산물인 것이다. 따라서 이토록 기이한 표상 속에서 노동자에 대한 정치경제학의 관계는 분명히 드러난다. 이 같은 지식은 추상적 지식으로서 환원에 의한 결과이다. 정치경제학은 자신이 산출한 노동자의 추상적 개념에 관계하는 탓이다. 이런 추상화의 잉여는 정치경제학을 환원적 학문으로 만들고, 노동자에 대한 정치경제학적 지식을 동물적 산물로 바꾸어 놓는다. [노동자라는] 이 낯선 동물은 정치경제학에 의해 길들여졌을 뿐만 아니라 나아가 실존하게 된 존재이다. 따라서 노동자라는 동물은 이중으로 추상화된 실체이다. 그것은 정치경제학이 낳은 상상적 이데올로기의 돌출물이다. 정치경제학에서 노동자라는 기이한 동물은 존재하지 않는다("sujet supposé de l'histoire[역사적인 것으로 가정된 주체]"[81]는 없다). 그래서 노동자는 (평범한) 동물보다도 못하다. 여기서 우리는 "경제체계 자체에 아주 깊숙이 뿌리박힌 '벌거벗은 생명'의 형태를 마주하고 있는데, 그것은 희망을 잃은 채 강제수용소에 갇힌 아감벤의 수인보다도 더욱 심각한 모습이다."[82] 이 부자연스러운 실체는 마치 그것의 "소진된verzehrte 본성이, 새로운 이상적 형상 즉 그림자의 왕국으로 솟아오르듯, 정치경제학을 구성적하는 추상화의 과잉"[83]을 드러낸다. 정치경제학에서 노동자는 비非-동물이다 (노동자는 동물도 인간도 아니며, 양자 사이의 선택지를 와해시키면서 제3의 차원을 열어젖힌다). 독일어로 "Untier" 곧 비-동물은 비자연적이지만, 그럼에도 불구하고 자연적 존재 즉 동물로서 제

---

81. Alain Badiou, *Qu'est-ce que j'entends par Marxisme?* (Paris: Les éditions sociales 2016), p. 24.

82. Jameson, *Representing Capital*, p. 125.

83. G. W. F. Hegel, "Aphorismen auf dem Wastebook," in *Werke*, vol. 2 (Frankfurt am Main: Suhrkamp 1986), p. 552.

시되어 있다. 그것은 실재적 추상의 작동 방식modus operandi 으로서의 본질화하는 환원 작용, 또는 환원적 본질화의 궁극적 힘을 생산한다.

한 번은 위장으로, 한 번은 항문으로…

정치경제학은 노동자를 비-동물로 간주한다. 그런데 비-동물은 자연적 실체로 제시되어 있다. 정치경제학은 "노동자"를 고립된 특수한 신체적 기능들의 집합으로 명명함으로써 동물성으로 환원시키며 동물성을 생산해 낸다. 정치경제학에서 노동자는 그가 가진 것으로서 상정된다. 예를 들어 노동자는 그가 소유하고 있는 것으로 정의되며, 그가 소유한 것은 자신의 신체다. 노동자의 신체적 기능들이 그의 정체성을 형성한다. 바디우가 주장했듯, "'실존=개인=신체'의 등식을 성립시키기 위해, 현대의 [자본주의적] 관점은 인간성을 동물성의 비전으로까지 단호하게 과잉 연장할 수 [그리고 환원시킬 수] 있어야 한다."[84] 노동자에게는 오직 신체와 기능만 있을 뿐이다. 환원적 추상화는 [노동자를 기능들로] 본질

84. Alain Badiou, *Qu'est-ce que j'entends par Marxisme?* (Paris: Les éditions sociales 2016), p. 24.

화하고, 그러한 본질화는 존재와 소유의 동일성[을 통한 정체성]이다. 자본주의에서 우리는 (재이중화된) 추상의 자연화를 목격한다. 노동자는 동물로 간주되는데, 왜냐하면 동물은 소유와 존재 사이의 구별을 알지 못하며, "동물은 자신의 생명 활동과 직접적으로 하나"일 뿐이고, "그런 활동일 뿐"이기 때문이다.[85] 그러므로 노동자에게 "모든 육체적 및 정신적 감각들 대신에 이러한 모든 감각들의 완전한 소외, 즉 소유라는 감각이 들어섰다."[86] 자본주의에 의해 생산된 노동자의 주체적 입장을 포함하여, 노동자 생활 속의 모든 것과 노동자라는 존재의 모든 것은 이렇게 소유의 감각으로 환원된다. 정치경제학은 노동자를 단지 분명한 신체성으로, (그의 생명 활동과 일체가 된) 기능과 욕구로 즉각 동일시할 수 있는 존재로 간주한다. 이는 최소치로의 환원이다. "노동자를 '동물적 실존 조건'까지 환원시켜 버리는" 것이다.[87]

하지만 마르크스에게 노동자는 실존적이고 생물학적인 신체로 환원되지 않는다. 정치경제학에서 노동자의 신체적 통일성은 고립되고 특수한 신체적 기능들의 총합으로 나타나

---

85. Marx, *Manuscripts*, p. 328[『초고』, 274쪽].
86. Marx, *Manuscripts*, p. 352[『초고』, 302쪽].
87. David Harvey, *The Limit to Capital* (London: Verso 2006), p. 161.

기 때문에 추상적으로 보인다. 신체는 추상적 환원의 산물이란 뜻이다. 자본주의에서는 노동하는 존재가 "추상적 활동이자 위장胃臟이 된다"[88]고 마르크스가 말했을 때, 그가 실제로 염두에 두었던 것이 이것이다. 노동하는 개인individual은 기이한 (동물적) 분할체dividual, 분할된 동물, 망가지기 쉽고 특수화된 신체적 기능들의 복합체가 된다. 노동자는 마치 그가 위장이고, 성기이며, 목구멍 등인 것처럼 표상된다. "신체적 구조에 따라 이 동물은 자기 신체의 기능성에 딱 들어맞게 맞추어져 있고, 신체적 기능 이외에는 아무것도 할 줄 모르게 된다."[89] 노동자는 고립된 특수한 기능들 사이에서 찢어져 버린다. 인간은 잉여 추상으로 환원됨으로써 "육체 및 두뇌 체계가 추상 속에서 즉각 분해되는 아나키즘"[90]에 도달한다. 여기서 우리는 유아 섹슈얼리티에 대한 프로이트의 묘사와 평행적인 장면을 보게 된다. 정상적 섹슈얼리티에서나 도착적 섹슈얼리티에서나 "잘 조직된 독재적 힘이 작용하고 있다… 유아 섹슈얼리티는… 일반적으로 말해 그 어떤 중심

---

88. Marx, *Manuscripts*, p. 285[『초고』, 274쪽].

89. Gilbert Simondon, *Two Lessons on Animal and Man* (Minneapolis: Univocal Publishing 2011), p. 75.

90. Rebecca Comay, *Mourning Sickness, Hegel and the French Revolution* (Stanford: Stanford University Press 2011), p. 117.

성이나 조직성도 결여된다. 유아의 분리된 성 충동들은 동등한 권리를 가지며, 그 각각은 쾌락을 얻기 위해 자기만의 방식을 취한다."[91] 마찬가지로 노동자는 중심성 없고 조직성 없는 존재로서, 어떤 면에서는 지속적인 통제가 필요한 아이 같은 존재로 취급된다.[92] 이는 노동자가 단지 동물로서 설명되지 않기 때문이다. 오히려 노동자는 자본주의적 생산관계의 교환 과정에서 필수적 요소가 되기에(그는 자신의 "노동력"을 판매해야 한다) 신학적 세부 사항들로 가득 찬 어떤 입장을 가정해야만 하고, 그리하여 자신이 (상품으로서) 현상하는 형식에 의해 결정지어진다. 정치경제학에서 노동자는 특수한 신체적 기능들의 "느슨한 결합"[93]에 불과하다. 즉 그는 "희망의 비밀이 숨겨진 신체 법칙에 따르는 동물"[94]이자 "인간의 파편Teilmenschen으로서… 멸시받는" "동물"에 지나지 않는다.[95] 그렇기에 정치경제학에서 노동자에게 할당된 의식은

---

91. Sigmund Freud, *Introductory Lectures on Psychoanalysis* (New York: Norton 1989), p. 401[『정신분석 강의』, 임홍빈 외 옮김, 열린책들, 2003, 436~437쪽].

92. Badiou, *The True Life*, pp. 50~73을 보라.

93. 이 관념을 루만은 함께 일하는 사람들이 느슨하게 연결되어 있는 조직 유형 (가령 사무실)을 설명하기 위해 사용했다(그 작동성을 유지하기 위해 개인들이 변화되는지의 여부가 중요하지 않은 이유다). 그에 따르면 느슨하게 결합되어 있는 체계는 단단히 조여진 체계보다 훨씬 안정적이다. Niklas Luhmann, *Introductory to System Theory* (Cambridge: Polity 2012), p. 193.

94. Badiou, *Logics of Worlds*, p. 2.

헤겔이 감각적 확실성이라 불렸던 것과 같다. 노동자에게는 "지금"이라 불리는 의심스러운 확실성의 심급이 존재한다. 그것은 어떤 신체적 기능이거나 혹은 특수한 신체적 욕구를 충족시키는 것이며, 이로써 노동자는 환원되는 것이다. 그는 자신이 특수한 욕구나 신체적 기능을 갖는다고 느낄 때 자기를 자신으로서 확신한다. 이는 환원적 파편화의 자연스러운 소산이다.

이제 정치경제학에서 노동자는 입이고, 항문이다. 먹기이자 소화이고, 배변 등등이다. 헤겔은 감각적 확실성이 모순에 부딪히지 않을 수 없다고 말했다. 그것은 다음의 농담 하나로 압축된다. 내가 "지금"이라고 말하는 순간, 그 "지금"은 더 이상 "지금"이 아니다. 마르크스에 따르면, 이는 노동자가 하나의 "지금"에서 또 다른 "지금"으로 소멸해 가는 과정과 같다. 이 같은 소멸은 소멸 자체가 소멸할 때까지 반복될 것이다(그리고 노동자는 죽을 것이다). 어떤 의미에서 노동자는 이미 죽은 것처럼 살아가고 있다("le mort saisit le vif!").[96] 구조적으로는 소멸하고 있지만 노동 과정에 의해 지속적으로 되살아나고 있을 따름이다. 즉 일종의 물질이나 되는 듯 노동자

95. Marx, *Capital*, p. 799.
96. Marx, *Capital*, p. 91.

를 "죽은 자들로부터" "깨우고", "단순한 가능성으로부터 실제적이고 실질적인 사용 가치로 바꾸어", "노동의 불길 속에서 목욕을 시킨다." 또한 "생명력을 불어넣음으로써 그저 접촉하는 것만으로도 죽은 사물로부터 생산 수단을 가동시키게 된다."[97] 정치경제학의 환원적 생산은 지속적으로 소멸하는 추상들("지금들")로 만들어진 실체, 즉 사방에서 노동을 강압하는 추상화로써 만들어진 실체를 발생시킨다. 존재와 소유의 본질화된 동일성은 노동자가 구조적으로 이미 소멸하고 있다는 것, 노동자는 비실존이라는 사실로 우리를 이끈다. 노동자는 자신의 소멸해 가는 기능들의 소멸인 것이다. 이러한 소멸이 보여 주듯 환원적 생산이 존재하는 사회에서 노동자의 유일한 목표는 존재론적으로나 역사적으로나, 정치적으로뿐 아니라 경제적으로도 그 자신의 생산물 이면으로 소멸해 버리는 데 있게 된다. 노동자라는 동물은 비자연적 동물이고, 정치경제학은 인간에게서 "동물에 대한 그의 장점을 단점으로 변화시켜 그의 비유기적 신체, 곧 본성[자연]이 그에게서 떨어져 나가도록" 만들어 버렸다.[98] 그의 본성은 소멸해 가는 본성이며, 본성화된 소멸이다. 노동자는

97. Marx, *Capital*, pp. 289, 308.
98. Marx, *Manuscripts*, p. 329[『초고』, 275쪽].

동물로 간주되어 있기에, 즉 생명 활동과 동일시되고 있기에 그는 자신의 본성이 소멸하고 말, 그리고 소멸하고 있는 동물인 것이다. 이것이 노동자가 동물보다 못한 까닭이며, 그가 행위의 그림자라는 이유이다. 플라톤의 동굴에 나온 설정과 달리, 여기서 우리는 수인으로 나온 사람들, 즉 노동자들이 궁극적으로는 그림자적 실체임을 알 수 있다. 이는 엥겔스의 다음과 같은 주장에 상이한 비틀림을 제공한다. "부르주아지가 등장한 이래… 그 그림자, 곧 프롤레타리아트가 항상 동반되어 왔다."[99]

자신의 특수한 기능들 가운데 "지금"이라는 심급으로 분해되어 버린(특수성의 특수화) 노동자는 이러한 분해를 자신의 본질로 갖는다(환원). 그는 "성장을 저지당한 괴물"[100]인 동물이다. 소유를 통해 규정되는 노동자의 유일한 감각이 지속적으로 소멸해 감에 따라 그의 유일한 목적은 그가 가진 것(실제로는 이미 상실한 것)을 상실하는 것이 된다. 그 외의 어떤 다른 목적도 "더 이상 존재하지 않는다. 인간의 형태로서 뿐만 아니라 비-인간의 형태로서도 존재하지 않기에 동물의 형

99. Frederick Engels, *Anti-Dühring*, in MECW, vol. 25 (New York: International Publishers 1987), p. 98.
100. Karl Marx, *Critical Notes on "The King of Prussia and Social Reform. By a Prussian,"* in MECW, vol. 3, p. 206.

태로도 존재하지 않는다고 할 수 있다."¹⁰¹ "그가 결여한 것
은 인간의 욕구만이 아니기에 […] 그의 동물적 욕구 또한 존
재하기를 중단했다."¹⁰² 노동자는 동물성을 박탈당한 동물
이다. 그는 동물성을 가져 본 적도 없다. 노동자-동물은 재再
이중화된 추상화의 잉여인 셈이다.

환원의 내재성 또는 (동물적) 결여의 결여

　이는 어떻게 노동자에게 영향을 끼치는가? 자본주의적 생
산 조직은 필연적으로 노동자의 다양성을 공간적으로 압축
하여 근대적 공장 체계의 협력적이고 집합적인 "단일한 힘"
으로 만들어 놓는다는 점을 기억하자(원리적으로는 오늘날에
도 해당되는 사태다). 이러한 압축은 "각 개별 노동자들의 능률
을 고취시키는 경쟁심이나 '동물적 정신'이라는 자극을 낳는
다."¹⁰³ 그 같은 노동 조건은 적자생존이라는 자생적 이데올
로기를 허락한다. 자본주의적 조건 아래서 노동한다는 것은
모두가 "사적 이익의 광풍"에 휩쓸린다는 것이고,¹⁰⁴ "공장 전
체를 가득 채운 기계 괴물"인 사회의 부속품이 된다는 뜻이

101. Marx, *Manuscripts*, p. 360.
102. Marx, *Manuscripts*, p. 360.

다.[105] 사회라는 괴물 속에서 "노동자들은 단지 의식하는 기관"[106]이다. 자신의 이익을 위해 다른 누군가의 이익을 제거해야 한다는 점을 아는 탓이다. 이는 구조적 전도를 시사한다. 노동자는 그가 실현시켜야 하는 다른 누군가의 의지에 따른 도구일 뿐이다. "노동자가 자신의 능력으로 이룩하는 모든 것은 자본에 의해 야기된 결과라는 사실"이 그렇다.[107]

그렇다면 "노동자의 입장에서 본 이야기"는 어떤 것일까?[108] 마르크스는 이렇게 말했다. "인간(노동자)은 그의 동물적인 기능들, 즉 먹는 일, 마시는 일, 생식하는 일 등에서만 기껏해야 그의 거주와 의복 등등에서만 가까스로 자신이 자유롭게 활동한다고 느끼고, 그의 인간적인 기능들에서는 기껏해

103. Marx, *Capital*, p. 443. 얼마 전, 조지 애컬로프(2001년 노벨 경제학상 공동 수상자)는, 1930년대에 케인즈에 의해 대중화된 단어인 동물적 정신이야말로 자본주의를 계속 전진할 수 있게 해준 원인이라 주장했다. George A. Akerlof and Robert J. Shiller, *Animal Spirits* (Princetion: Princeton University Press 2009)를 참조하라[한국어 번역판은 'animal spirits'를 '혈기'(김수행), '활력'(강신준, 『자본 I-2』, 길, 2008) 등으로 의역하고 있다. 이 글에서는 본문의 맥락을 고려하여 단어의 원의를 살려 놓았다. ― 옮긴이 주].

104. Marx, *Capital*, p. 92.

105. Marx, *Capital*, p. 503. 후일 마르크스는 이를 "잠식하는übergreifendes 주체"라 명명했다(*Capital*, p. 544).

106. Marx, *Capital*, p. 544.

107. Heinrich, *An Introduction*, p. 111.

108. Jameson, *Representing Capital*, p. 113.

야 동물로서의 자신을 느낀다는 결론이 나온다. 동물적인 것이 인간적인 것으로, 인간적인 것이 동물적인 것이 된다."[109] 이는 여가 시간의 구조적 기원 하나를 시사한다. 노동자가 일할 때 그는 자유롭지 못함을 느끼지만, 그가 "자유" 시간에 섹스하고 술을 마시고 먹을 때는 자유로움을 느낀다. 그 시간은 소비주의적 쾌락을 구조적으로 허락한다. 그러나 노동자 자신으로 하여금 그 자신이 추구하는 자유로 더 깊이 인도하는 것은 다음과 같은 자유의 모델이다. 즉 그의 신체적 기능에 있어서 "지금"이라는 심급과 자유가 동일시될 때가 그러하다. (고대해 마지않던 주말의 여가라는) "지금"이 지나가면, 노동자는 더 이상 자유롭지 않게 된다(다시 일해야 한다). 만일 그 자유로운 "지금"이 언제나 또 다른 (노동의) "지금"으로 지나가 버린다면, 자유는 언제나 과거의 것일 수밖에 없다. 자유는 노동으로 되돌아가는, 영구적으로 소멸하는 지체일 것이다.[110]

인간의 추상적 과거가 동물적 상태에 있었기에(생물학적 이전[以前] 상태에 대한 추상적 관념), 노동자는 자신의 자유를 추상적으로 지나가 버린, 궁극적으로는 언제나 이미 과거인 무엇인가로 상상하게 된다. 노동자는 자신의 자유를 이미 지나간 것으로, 즉 자유의 과거로 생각하면서 이 과거를 살아가는 것이다. 추상적으로 말해, 그것이 동물이다. 정치경제학은 기이한 시간의 경제학을 보여 준다. 노동자는 부르주아 정치경제학에 의해 산출된 것으로서의 환원적 추상화를 살아가고, 체현하며, 주체화하는 것이다.[111] 자본주의는 단순히 근대화의 혁명적 동력만이 아니다. 그것은 인간 이전의, 근대 이전의 요소들이 갖는 퇴행적이고 환원적인 생산에 구성적으로 의존한다. 그러므로 노동자는 자본주의 정치경제학에 가장 돌출되어 있는 존재이다. 이런 배경에서 후기 마르크스의 다음과 같은 주장을 이해해 볼 만하다. "자본주의 생산 과

---

109. Marx, *Manuscripts*, p. 327[『초고』, 272쪽].

110. "노동 시간 이외에는 삶의 시간이 거의 남아나지 않는다면," 일하지 않을 때 할 수 있는 유일한 것은 '잠을 자는 것'뿐이다(Jameson, *Representing Capital*, p. 116). 노동에서 자유로워진 노동자는 자신의 자유를 잠으로 날려버린다. 아도르노는 이를 살짝 비틀어 이렇게 말했다. "사람들은 너무나 많이 일하기 때문에, 자유 시간에 자신들이 해야 할 일들의 의례를 강박적으로 반복해야 한다." Max Horkheimer and Theodor W. Adorno, "Diskussion über Theorie und Praxis"(1956), in Max Horkheimer, *Gesammelte Schriften*, vol. 19 (Frankfurt am Main: Fischer 1989), p. 45. 대중이 자유 시간에조차 생산적이고 능동적일 수 있는 까닭이 여기에 있다.

111. "굶주린 인간에게는 음식의 인간적 형태는 존재하지 않고 오직 음식으로서의 그 추상적 현존재만이 존재할 뿐이다… 이러한 영양 활동이 어떤 점에서 동물의 영양 활동과 구별될지에 대해서는 말할 수 없다." Marx, *Manuscripts*, p. 353[『초고』, 304~305쪽]. 오늘날에는 그 전도된 주장이 더 진실할지도 모르겠다. 우리가 자신의 취향을 세련화하면 할수록, 음식을 먹고 생산하며 요리하는 일 등에 염려하면 할수록, 자신의 실존에 대한 관계는 더욱 추상적이 될 것이다.

정의 조직화는 일단 완전히 발전하기만 한다면 모든 저항을 일거에 무너뜨려 버린다."[112] 왜냐하면 환원과 부자유를 수반하는 추상화의 복합적 작용은 노동자에게 마치 자유인 양 기만적으로 경험되는 탓이다.[113] "노동자"는 언제나 이미 자본주의 시스템의 산물이다. 노동계급이 단지 각성하기만 하면 된다는 [혁명의] 전제는 처음부터 잘못되었다.

우리는 여기서 (실존의 현실적 조건에 대한 상상적 관계로서) 이데올로기에 관한 알튀세르의 정의를 돌이켜 보아야 한다. 노동자가 자신의 자유를 이해하는 방식은 정치경제학이 수행하는 바로 그 환원을 영속화하고 재생산하는 것이다. 노동자는 자연화된 환원의 추상 속에서, 바로 그 추상으로서 살아간다. 그는 자신의 (실제적) 분할 가능성과 환원적 인위성을 통해 전체성과 자연성을 (상상적으로) 느낀다. 노동자는 (자본주의 정치경제학의) 그림자인데, 왜냐하면 그의 본질(자유)은 단지 그림자일 뿐이기 때문이다. 자본주의는 노동자가 자유의 그림자 이외에는 아무것도 아닌 주체임을 정확히 드러냄으로써 노동자를 호명한다. 그는 시장에 온통 매

112. Marx, *Capital*, p. 899.
113. Frank Ruda, *Abolishing Freedom: A Plea for a Contemporary Use of Fatalism* (Lincoln: Nebraska University Press 2016)을 참고하라.

달려 있어야 하기에 단지 무無일 따름이다(마치 인터내셔널가 [歌]의 저 유명한 가사가 가리키는 바와 같이 사물이라도 되어 있는 양). 따라서 정치경제학적 지식의 대상과 노동자의 자기 이해는 교환될 수 있다. 노동자가 자신의 자유가 정확히 자기 실존이 환원된 순간에 있음을 알기에, 또한 정치경제학이 그를 단단히 틀어쥐고 있음을 확신하기에 [정치경제학적 지식과 노동자의 자기 이해가] 우연하게 일치하는 것이다. 헤겔은 언젠가 이렇게 말했다. "무엇인가를 결여하고 있는 것이 동시에 그 결여를 통해 존재하지 않는다면, 그러한 결여는 결여가 아니다. 우리의 견지에서 볼 때 동물은 그 자신의 결여로부터 생겨나지 않았다."[114] 동물의 한계는 객관적 한계이다. 비자연적 동물인 노동자는 동물처럼 행동한다. 자신의 부자유를 자유로서 경험하는 탓이다. 따라서 그는 자신의 한계를 한계로 인지하지 못한다. 환원된 자기 실존에 대한 관계에서 그는 (신체적 기능의 한시적 심급으로 환원된) 결여를 결여로서 (상상적으로) 지각하지 않는다. 이로써 그는 자신의 환원을 동물과 동일시한다. 이는 노동자가 동물은 여전히 갖고 있는 결여를 상실했다는 의미이다. 동물은 자기의

114. G. W. F. Hegel, *Outline of the Philosophy of Right* (Oxford: Oxford University Press 2008), p. 33.

한계에 대한 지식을 결여하고 있기에 결여를 갖는다. 노동자는 그가 결여를 갖고 있다는 지식[앎]을 상실했기 때문에[모른다는 것을 모르기 때문에], 심지어 동물성조차 결여하고 있음을 결여하고 있기 때문에[동물조차도 될 수 없음을 모르기 때문에] 동물만도 못하다.[115] 노동자는 자기 자신의 결여의 소유자도 아닌 것이다.

이 같은 역설적 통찰은 헤겔의 다음과 같은 주장을 상기한다면 더욱 명확해진다. "인간은 동물이다. 그러나 그의 동물적 기능에서조차 인간은 동물과 마찬가지로 즉자적 상태에 머물지 않는다. 인간은 즉자적인 의식을 가지며… 그것을 자기 의식적 학문으로 일깨운다… 인간은 자신이 동물이란 것을 알기 때문에, 동물이 되기를 중단한다."[116] 인간은 자신의 고유한 한계에 대한 지식, 즉 자기 자신이 동물이란 사실에 대한 지식을 갖는다. 하지만 바로 이 지식은 그를 동물 이상의 존재로 만들어 준다. 이러한 사태가 벌어지자마자 자신이

---

115. 정신분석의 중심 범주이자 헤겔 철학의 근본적 열쇠로서 결여에 대한 지식 [앎]을 강조하기 위해 원문을 직역했으며, 괄호 속에 의역을 풀어 넣었다. 해당 구절들은 자신을 자유로운 인간이라고 느끼는 노동자의 자기 기만적 지식, 곧 결여의 결여인 무지에 관한 내용이다. 이러한 의식적 앎의 부재는 무의식적 앎[지식]에 의해 보충되고 전복될 것이다. — 옮긴이 주.

116. G. W. F. Hegel, *Aesthetics: Lectures on Fine Art*, vol. 1(Oxford: Clarendon Press 1988), p. 80.

동물이라는 지식은 (그가 동물 이상이 되었다는 그 지식으로 인하여) 변조된다. 그러나 이제 인간은 자신의 지식이 잘못된 것이란 점을 모르며, 이로써 (자신의 한계를 알지 못한 채) 다시 동물성으로 퇴행하고 만다. 하지만 [앞서의 과정을 반복함으로써] 다시 (자신이 동물이라는) 그의 지식은 [자신이 동물 이상이라는] 적합한 지식으로 전환되고, 또다시 동물이기를 중단한다. 이처럼 헤겔에게 인간은 동물과 인간 사이를 오가는 진동이자, 적합한 지식과 부적합한 지식 사이에서 벌어지는 시차視差를 나타낸다. 이는 인간이 인간이나 동물 중 어느 한쪽 편에만 머물러 있지 않은 존재임을 시사한다. 오히려 인간은 그 같은 구별 즉 [인간 자신의] 동일성의 동일성 및 인간과 동물의 차이를 만드는 분열 사이에 있는 존재라 할 수 있다. 바꿔 말하면, 인간과 동물 사이에는 아무런 관계도 존재하지 않으나, 그러한 비관계의 체화로서 인간 동물이라는 어떤 것이 존재한다.

마르크스에게 돌아가 이 논의를 적용해 보자. 노동자는 자신의 한계를 알고 있다. 그는 정치경제학이 자신에 대해 전제하는 것과 자신이 같지 않음을 안다. 또는 그에 대해 매우 잘 알고 있음에도 마치 자신은 모르고 있다는 듯 행동한다. 이로써는 그는 동물보다 "더 많이" 결여하게 된다.[117] 노동자는 동물의 결여조차 결여하고 있는데, 그것은 무의식적인 결여이다. 동물은 한계지어져 있다. 인간은 동물이 한계지어져 있음을 알며, 그로써 동물의 한계를 넘어선다. (노동자로 주체화됨으로써) 비-동물은 자신을 한계짓지만, 이에 관해 자신이 알고 있다는 것을 알지는 못한다. 노동자는 비-동물로 환원된다. 자신이 동물에 불과하다는 것을 알고 있음에도 그 앎을 알지 못하기 때문이다. 마르크스는 이를 다음과 같이 묘사하고 있다.

의식적 삶의 활동은 인간을 동물적 삶의 활동으로부터 직접적으로 구별짓는다. 오직 그 때문에 인간은 유적 존재라 할 수 있다. 혹은 인간이 바로 유적 존재이기 때문에, 그는 의식적 존재이며, 그 자신의 삶이 자기의 대상인 것이다. 바로 이 때문에 그의 활동은 자유로운 활동이다. [자본주의에서] 소외된 노동은 이 관계를 전도시켜 버린다.[118]

---

117. "그는 다만 자신이 그것을 알고 있다는 것을 모를 뿐이고 자기가 그것을 모르고 있다고 믿고 있는 것입니다." Freud, *Introductory Lectures*, p. 124[『정신분석 강의』, 137쪽].
118. Marx, *Manuscripts*, p. 328[『초고』, 274쪽].

의식적 삶의 활동을 무의식적인 비-삶의 활동, 즉 삶을 삶으로서 살지 못하는 활동으로 변환시킴으로써, 정치경제학은 인간의 삶에 대한 활동 형식을 전도시키고, 도착시켜 버린다.[119] 노동자는 자신이 아는 것에 대해 알지 못하며, 따라서 그 자신이 동물에 지나지 않는다는 듯이 행위하게 된다.

모호한 환원과 추상적 자연화

정치경제학은 노동자가 단지 동물에 지나지 않지만, 실상 그 본질에 있어서는 특이한 비-동물성을 갖는 존재란 점을 알고 있다. 『자본』의 1권을 마치며 마르크스가 애초에 구상했던 텍스트 중에는 인간-동물의 구별에 관한 또 다른 유익한 주장이 담겨 있었다.

인간은 자신의 필요에 대한 무제한적이고 유연한 본성을 가짐으로써 모든 다른 동물과 구별된다. 그러나 [인간 이외의] 어떠한 동물도 자신의 필요를 믿기 어려울 정도

119. "인간을 ('인간 동물'을 포함해) 동물과 구분해 주는 것은 의식이 아니라 — 동물들도 어떤 종류의 자기 의식을 갖고 있다는 것은 쉽게 인정할 수 있을 것이다 — 무의식이다." Žižek, *Less Than Nothing*, p. 824[『라캉 카페』, 조형준 옮김, 새물결, 2013, 1450쪽].

로 제한할 수 없고, 자기 삶의 조건을 절대적 최소치로 환원시킬 수 없다. 한 마디로 말해, [인간처럼] 자기자신을 졸라매는 데 그토록 재능있는 동물은 어디에도 없다.[120]

노동자는 정치경제학에서 동물에 지나지 않는다. 그는 삶의 활동의 절대적 최소치이기 때문이다. 잠재적 환원은 이렇게 그를 규정짓는다. 인간은 동물보다 더 적은 [존재 규정을 지닌] 유일한 동물이다.[121] 동물이 객관적 최소치를 아는 까닭은, 정확히 말해 동물이 자기의 한계를 모르는 탓이다. 하지만 인간은 실체와 욕구가 가변적인 존재인데, 그 자신의 앎(즉 한계)을 재규정할 수 있기 때문이다. 어떠한 객관적 한계도 알지 못한 채, 인간은 자신의 규정을 점점 더 작게 만들 수 있다. 인간의 최소치는 주관적이며, 따라서 한계 없는 재규정에 놓이게 된다. 인간은 절대적 최소치에 따라 살 수 있는 유일한 동물이다. 오직 인간만이 그가 살지 않는 듯이 살

120. Marx, *Capital*, p. 1068.
121. "빛, 공기 등등 가장 단순한 동물적 정결함은 인간의 욕구가 되지 않게 되었다… 자연과 어긋나는 보편적 태만, 부패한 자연이 인간 삶의 요소가 되었다." Marx, *Manuscripts*, p. 359f. 어떠한 극단적 환경에 대해서도 적용할 수 있는 능력이야말로 인간을 다른 동물과 구별짓는 요소이다. Karl Barth, *Church Dogmatics, vol. 3: The Doctrine of Creation* (Edinburgh: T.&T. Clark 1960), p. 115.

수 있으며, 그것이 바로 노동자다. 그러나 여기에는 변증법적 문제가 있다. 만일 정치경제학이 노동자를 단지 동물로만 안다면, 그렇게 노동자를 환원시킨다면, 이 환원은 동물성이 아니라 인간성 자체에 의거해서 이루어진 일이다. 인간을 동물로 환원시킬 때, 그 환원 행위를 통해 정치경제학이 참조하는 것은 인간의 인간적 특질인 것이다.

정치경제학은 노동자를 동물로 환원시킬 수 있을 따름이다. 그것은 동물보다도 못한 무엇인 바, 왜냐하면 인간은 언제나 이미 "텅 빈 동물"[122], 곧 어떠한 (동물적) 실체성 자체도 없는 동물인 탓이다. 정치경제학에서 노동자는 그러한 실체로서 무한히 환원되는데, 그렇게 무한히 환원되는 것 이외에 그는 아무것도 갖고 있지 않은 까닭이다.[123] 정치경제학적 환원의 문제는 노동자를 환원시키는 지식이 ─ 그 용어의 이중적 의미에서 주관적 환원임에도 불구하고 ─ 객관적 지식임을 전제한다는 사실에 있다. 바꿔 말해 정치경제학의 대상, 곧 노동자라는 대상성은 그의 (주어진 조건에서) 특수화

<hr />

122. Badiou, *Logics of Worlds*, p. 114.
123. 노동자는 사실상 무無보다도 가벼운 존재이다[지젝의 저작 *Less Than Nothing*(『헤겔 레스토랑』, 『라캉 카페』)을 염두에 둔 문장으로, 무에 대한 형식적 규정을 넘어서는 존재론적 힘과 작용력을 나타내는 역설적 표현이다. ─ 옮긴이 주].

된 신체와 자연적으로 동일시된 채 고려된다. 환원의 결과물을 특정한 자연적 대상으로, 즉 자연화된 동물의 신체적 형식으로서 '[현재의 조건 속에] 주어져 있다'고 간주함으로써, 정치경제학은 환원 작용을 모호하게 만들고 은폐하는 것이다.

『자본』에서 마르크스는 가치생산적 노동을 (인간의 노동이라는) 가장 기초적인 형태 속에서 묘사한 바 있다. "[인간의 노동은] 특별한 방식으로 발달되지 않은 평균적인 보통의 인간이 자신의 신체적 유기성 속에 갖고 있는 단순한 노동력의 지출이다."[124] 정치경제학은 노동자가 [노동에 적용되는] 특수화된 신체적 기능을 갖고 있으며, 이를 노동 일반의 전제 조건이라 가정한다. 이러한 조건은 노동자가 노동을 수행할 때 사용하는 것이고, 이로써 "노동자"는 그 힘(노동력)의 소유자가 갖는 이름이 된다. 그 같은 동일화는 자연화되는데, "노동자=동물"이라는 등식이 자연스럽게 받아들여짐으로써 ['노동자'와 '동물'이라는 두 항의] 등식이 아니라는 [양자가 등가 기호로 동일화되는] 전제로 바뀌는 것이다. 이것이 "노동자"가 자신의 특수화된 신체적 기능의 소유자로 간주되는 이유다. 노동자는 동물적 신체로 환원되고, 이에 따라 그의 자유는 그의 소유물 즉 (사용 중인) 신체의 주어진 능력과 동

124. Marx, *Capital*, p. 135.

일화된다. 그러나 또한 자연화되는 것은 바로 정치경제학이 구성적으로 의존하는 소유의 개념 (및 그 관계) 자체이다. 환원의 행위를 모호하게 만듦으로써 정치경제학은 환원적 자연성을 생산하는 동시에 그 자신을 추상적으로 자연화한다. 정치경제학은 자신을 자연적 환경으로 만들고, 그것의 유일한 (비)자연적 요소는 노동자-동물이 된다.

후기 마르크스는 화폐에 대해 분석하면서 다음과 같은 주장을 펼친 바 있다. "사자와 호랑이, 토끼 등 동물의 왕국에는 무리를 지어 다니며 다양한 종류의 하위 종, 과科 등을 이루는 여타의 모든 실제 동물 이외에도, 전체 동물의 왕국에서 개별적 현신現身인 또 다른 동물이 존재하는 듯하다."[125] 화폐는 유일하게 진정한 동물이다.[126] 동물의 왕국에서 추상화 과정에 의해 발생한 모든 종의 진정한 현신인 것이다. 왜냐하면 정치경제학은 이런 식으로 무관심한 추상적 제3항, 즉 동물과 화폐에서 공통적으로 표현되는 것을 갖는 특수자

---

125. Karl Marx, *Value: Studies* (London: New York 1976)를 보라.
126. 화폐의 개념을 세공하면서 마르크스는 돈과 인간의 관계를 규정짓는「요한계시록」의 저 유명한 문구를 인용하고 있다. "그들은 모두 한 마음이 되어 자기들의 능력과 권세를 그 짐승에게 주더라. 그 짐승의 이름이나 그 이름을 표시하는 숫자의 낙인이 찍힌 사람 외에는 아무도 물건을 사거나 팔지 못하게 하더라." *Capital*, p. 181[『자본론』, 109쪽].

들의 추상적 교환 가능성을 동시에 자연화하기 때문이다. 보편적 등가 수단이 존재한다는 것은 모든 특수자들이 공통적인 것, 즉 특수성의 형태를 갖는다는 뜻이다. 추상화의 환원적 행위는 교환의 실천을 통해 어떤 새로운 것을 발생시키는 바, 그것은 화폐의 형태를 띠고, 여기에 환원 행위가 우선적으로 의존하게 된다.[127] 이것이 "노동자" 및 정치경제학의 환원물이 교환 가능하도록 만드는 토대를 제공한다. 만일 노동자가 돈 때문에 일한다면, 대가로 지불되는 것은 정확히 정치경제학이 노동자의 필요라고 환원적으로 가정하는 것이며, 실제로 그렇게 된다. 정치경제학이라는 동물의 왕국은 그로써 환원적 추상물("노동자")과 그것의 이름인 비-동물의 추상적인 교환 가능성을 설정한다. 정치경제학이 야기하는 자연화의 가장 기본적인 토대, 즉 자기 자연화는 (그림자를 연상시키는 용어나 실체가 무엇이든 무관하게) 바로 이 교환 가능성이라는 관념에 관련되어 있다.

자본주의적 정치경제학은 자기 재현이라는 측면에서, "세

---

127. 마르크스는 이렇게 지적한다. "화폐는 자기 앞의 미래에 그림자를 드리움으로써 상품을 판매자의 손으로부터 구매자의 손으로 옮겨 놓는다." 말 그대로 자본주의는 화폐에 의해 빛을 바래는 것이다. Karl Marx, *Outlines of a Critique of Political Economy*, in MECW vol. 29 (New York: International Publishers 1987), p. 373.

계 시장"이라는 현상의 필연적 형태 속에서 동물을 위한 최고의 환경 곧 "근본 토대와 생동하는 분위기"[128]를 제공한다. 이 사실을 완전히 투명하게 만들어 버림으로써(자본주의에서 노동자는 그저 동물로 간주된다), 다음과 같은 점을 모호하게 처리해 버린다. "노동자"라는 추상적 이름은 환원적으로 파편화된 신체적 기능들의 단위로 제시된다. 그로써 노동자는 신체적 기능들의 특수한 "지금들"의 무한한 연속을 통합하는 추상적 기반으로 간주된다. 노동자는 그 기능들의 자연적인 소유자(가 될 것을 요청받으)며, 그의 자연적 환경은 시장으로 드러난다. 이러한 자연화는 또한 시간성에도 영향을 끼친다. 시간은 "지금"이라는 심급들의 연속으로 이해되는 바, 객관적으로 주어진 신체적 기능들은 바로 거기에 존재하는 까닭이다. 이는 시간 그 자체가 소멸한다는 것을 암시하는 데, 특수한 기능의 미래는 그 과거의 반복일 것이기 때문이다. 그러므로 노동자의 미래는 과거(동물)의 특수성이고, 이는 (1) 노동자가 과거의 재생산이라는 점에서 이미 미래 속에서 살고 있고 (2) (시간의) 현재는 사라져 버렸음을 의미한다. "지금까지는 역사가 존재했지만, 이제 더 이상은 없다."[129]

128. Marx, *Capital*, vol. 3, p. 205.
129. Marx, *The Poverty of Philosophy*, p. 102.

자연화를 경유한 시간은 단순히 자연스러운 시간이 되지 않고 차라리 자연의 시간이 된다. 이는 곧 (역사적) 시간의 소멸이다. 이로부터 우리는 왜 마르크스가 자본주의를 인류의 전사前史라 불렀는지 알 수 있다.

익숙해지기

부르주아 정치경제학은 환원적으로 사유한다. 어떻게 노동자들은 정치경제학의 "비-동물"로서 그 같은 "하향적 종합"[130]을 지속적으로 살아갈 수 있을까? 가능한 하나의 대답은 그들이 익숙해지기 때문이란 점이다. "자본주의적 생산의 진보는 교육과 전통, 관습을 통해 노동계급이 생산 양식의 요구를 자명한 자연 법칙으로 보도록 발전시킨다."[131] 효용가치의 비율은 "생산자도 모르게 전개되는 사회적 절차에 맞춰 세워진다." — 하인리히는 페티시즘적으로 제공된 "보편적 배경 조명"(동굴의 무대를 떠올려 보라)이[132] "생산자에게

130. Žižek, *Less Than Nothing*, p. 108[『헤겔 레스토랑』, 210쪽].
131. Marx, *Capital*, p. 899. 이것이 "자신의 착취에 대한 착취된 동의가 생겨나는 까닭이다." Heinrich, *An Introduction*, p.. 204. 왜냐면 "이러한 환원의 이유는… 자연의 규정적 법칙으로 제기되는" 탓이다. Marx, *Capital*, p. 168.
132. Heinrich, *Wie das Marxsche Kapital lesen?*, p. 211.

전통적으로 계승되어 온 것처럼 나타난다"[133]고 언급한다. 그러나 익숙해진다는 것은 무엇을 뜻하는가? 환원은 최초의 자연으로의 퇴행이 아니다. 정치경제학적 환원이 생산적이기 때문에 우리는 언제나 제2의 자연을 다루게 된다. 제2의 자연은 개념적으로 습관과 동의어이다.

헤겔에게 습관은 단지 형성적이고 교육적 기능만을 충족시키는 게 아니다. 그것은 또한 사회정치적 삶의 객관적 구성에 대해서도 결정적이다.[134] 습관을 통해 인간 본성은 "제2의 본성이자 정신적 본성으로" 변화를 겪으며, 이는 "그런 정신적 수준을 습관적인 것으로 만들어 버린다."[135] 하지만 이 같은 인간학적 혁명은 두 가지 개입적 계기들에 의지하는 바, 기계론과 자유가 그것이다. 가령 헤겔이 "자기 감정의 기계론"[136]이라 불렀던 기계론적 생산을 살펴보자. 활동은 순

133. Marx, *Capital*, p. 135.
134. Frank Ruda, *Hegel's Rabble. An Investigation into Hegel's Philosophy of Right* (London: Continuum 2001), pp. 75~99.
135. Hegel, *Outlines*, p. 159.
136. G. W. F. Hegel, *Philosophy of Mind* (Oxford: Oxford University Press 2008), p. 131[헤겔에게 '기계론Mechanismus'은 대상 세계의 근본 규정으로서 객관적으로 보이는 사태 전체의 연관성을 해명하는 데 목표를 둔다. 외관상 대상 세계에서 벌어지는 사태는 자립적인 계기들 사이의 형식적이고 외적인 결합처럼 보이지만, 실상 매개된 전체에 속해 있으며 유기적인 연결을 통해 작동하

수하게 기계론적 방법, 즉 반복에 대한 의식 없는 반복을 통해 반복된다. 만일 우리가 새로운 언어를 배운다면, 우리는 특정한 구문론적 규칙, 어휘 등을 (기계적으로) 재생산하도록 길들여질 것이다. 기계론적 반복은 자유로운 자기 표현의 전제 조건이며, 특수한 자기 감정, 즉 그러한 습관 없이 나는 나 자신에 관해 상상할 수 없다는 감정을 낳는다. 그리하여 먼저 자유에 대립되는 것처럼 보이는 것(기계론)은 자유의 전제 조건임이 드러난다.[137] 기계론적 반복에 의거하여 자유와 의식적 자유를 근거짓는 (무의식화된) 기계론적 연속성은 주체가 "자신의 결정 능력을"[138] 갖거나 그에 따라 움직이는 것처럼 보이게 한다. 그러나 기계론은 "우리가 습관을 갖고 있는 한" 자유의 전제 조건이기에 "그저 습관 자체만은 아

는 내적 결합 관계를 갖는다. 한국어의 의미론적 맥락을 살려 '기계론'이나 '기계(론)적 연관' 등으로 번역하겠다. 다른 한편, 헤겔에게 자기 감정self-feeling, Selbstgefühl이란 마음이 스스로에게 귀환하며 그 자체로 만족하는 상태를 가리킨다. 이는 동물의 단계에서 완수되는 존재 상태로서, 외적 세계와의 관계와는 무관히 성립하는 평정 상태를 말한다. 반면 인간의 자기 의식은 욕망과 노동을 통해 달성되며, 자기 감정의 한계를 넘어서 외부 세계와의 관계를 설정함으로써 자신에게로 돌아오는 변증법적 발전의 단계에 있다. ― 옮긴이 주].

137. Slavoj Žižek, *Madness and Habit in German Idealism. Discipline Between the Two Freedoms*, at http://www.lacan.com/zizdazedandconfused.html.

138. Thomas Khurana, "The Potentiality of Habit: Notes on Self-Formation"(미출간 원고).

니"다.[139] 습관은 언제나 그 기계론적 측면을 넘겨받는 위험과 함께 오는 것이다.

습관의 계략은… 습관이 속속들이 기계론적인 것이 될 정도로, 영혼 전체를 빨아들이는 정도로… 습관의 저주로서 드러나게 마련이다. 헤겔이 습관의 이런 측면에 대해 내린 가장 급진적 표현은… 생활 습관이 완전히 추상적인 것이 된다면, "죽음 그 자체"일 것이라 말한 것이다.[140]

이러한 배경에서 우리는 정치경제학에 의해 수행된 환원이 자유의 전제 조건(기계론)을 자유의 현행성 자체로 어떻게 변화시키는지 알 수 있다. 존재와 소유 사이의 추상적 동일성을 본질화함으로써, 그렇게 환원적으로 기계론은 자유와 동일시된다. 노동자는 그가 가진 제2의 본성이 된다. 순수하게 기계론적인 자기 관계만이 남는 것이다. 즉 노동의 기계적 연관으로서의 자유 및 (교환 가능하게 된) 신체적 기능의 기계적 연관으로서의 자유 사이에서 노동자는 강요된 선택을 해야 할 처지다. 그는 자유를 자신의 소유물로 경험하지

139. Khurana, "The Potentiality of Habit."
140. Khurana, "The Potentiality of Habit."

만, 정작 그가 소유한 것은 기계론(들)이다. 헤겔은 이렇게 말한 바 있다. "노동 속에 있는 보편적이고 객관적 요소는… 추상화 절차 속에 있다… 생산의 추상화는, 인간 존재가 마침내 [생산의] 한켠으로 물러나 기계가 그의 자리를 차지할 때까지 노동을 더욱더 기계적으로 만든다."[141] 이에 대해 마르크스는 노동자가 단순히 기계에 의해 대체되는 게 아니라 기계 자체가 되는 것이며, 습관의 기계적 측면으로 환원되는 것이라 뒤틀어 표현했다. "노동자의 욕구를 가장 적나라한, 육체적 실체의 가장 비참한 수준까지 환원함으로써, 그의 활동을 가장 추상적인 기계적 운동으로 환원함으로써"[142] 정치경제학은 작동한다는 것이다. 습관을 갖는 것과 습관이 되는 것 사이의 구별을 무화시킴으로써, 마치 데카르트의 동물처럼 노동자는 기계적 운동으로 환원된다. 자본주의의 "기계적 단조로움 속에 혹사당함으로써 그는 성장을 저해당한 괴물로 생산되는"[143] 것이다. "오직 인간만이 자아의 완전한 추상화 속에서 자기 자신을 억제할 정도까지 도달한다"[144]고 헤겔은 주장했는데, 오직 인간만이 그 같은 기계론으로 자신을

---

141. Hegel, *Outlines*, p. 191.
142. Marx, *Manuscripts*, p. 360.
143. Marx, *Critical Notes on "The King of Prussia and Social Reform,"* p. 406.
144. Hegel, *Philosophy of Mind*, p. 199.

환원시킬 수 있다는 뜻이다.

또 다른 한 가지 요소를 고려하지 않는다면, 환원에 관한 우리의 분석은 아직 끝날 수 없다. 마르크스는 이렇게 언급했다. "만일 돈이 나를 인간적 삶에 결합시키고, 사회를 나에 결합시키고, 자연 및 인간과 결합시키는 끈이라면, 화폐는 모든 끈들의 끈이 아니겠는가?… 화폐는 분리와 결합의 진정한 수단이며, 사회의 화학적 힘이라 할 만하다."[145] 이 구절은 환원의 과정이 어떻게 자본주의의 본성 자체와 연결되는지 잘 보여 준다. 자신의 자유로부터 분리된 노동자를 다시 자유에 매개해 주려는 것은, 분리된 화학적 힘을 다시 연결시키려는 것만큼이나 결국 분리시키는 것과 다르지 않다. (노동자를 비-동물로 환원하는) 다양한 추상적-기계적 운동들을 한데 묶으려는 것은 그 같은 화학적 상호 작용과 유비적이다. 따라서 (자연화되어 생산되고 영속화된 환원들인) 자본주의의 본성은 기계론적이고 화학론적인 합성물로 이해될 수 있다. 예컨대 노동하는 주체들을 추상적이고 객관적인 기계론적 운동들로 환원시키고 그것을 고착·유지시키는 화학적 힘을 생각해 보라. 자본주의=화학론+기계론의 등식. 이로써 무엇이 만들어지는가? 마르크스는 노동자가 동물로

145. Marx, *Manuscripts*, p. 377.

어떻게 환원되는지 묘파했다. 노동자의 기능은 정확히 "인간 활동의 여러 측면들로부터 추상화되고, 최종적이며 배타적인 목적으로 투입되기에 동물적인 것"[146]이다. 여기서 기계론과 화학론의 연속성을 이해하는 열쇠를 제공하는 것은 정확히 말해 추상화된 기능들을 목적 그 자체로 변형시키려는 관념이다. 이는 단지 사회정치적 관계에 적용된 자연과학적 모델의 문제가 아니라, 목적을 상상하는 상이한 방법적 모델에 대한 문제다. 자본주의 정치경제학은 "목적"을 개념화하는 두 가지 (환원적) 방법을 수반한다. 삶에 반하는 목적으로 인해 소진된 실존이 어떤 의미를 가질 수 있는지가 정녕 문제적이다.[147] 기계론적이고 화학론적 해명을 연결시키면서, 자본주의 정치경제학은 주체의 적합한 목적성에 대한 보편적 관념을 환원시켜 버린다.

146. Marx, *Manuscripts*, p. 327.
147. "목적은… 구체적 보편성이다." G. W. F. Hegel, *Science of Logic* (New York: Humanity Books 1969), p. 739.

자본주의적 본성/퇴락

『논리학』의 결말 즈음에서 우리는 (궁극적인 문제를 제기하는) 두 가지 (주관적인) 목적 정립적 방식에 관한 상세한 논의를 발견할 수 있다. 기계론과 화학론이 그것이다.[148] 기계론적 설명은 대상들 이외에는 존재하는 것이 없다는 전제에서 출발한다. 대상을 움직이는 것은 다른 대상들이며, 대상들 사이의 관계는 다른 대상들에 영향을 끼치고 운동하게 만드는 어떤 대상의 관점에서 이해될 수 있다. 기계론의 주체는 또한 운동의 주체이다. 그것들의 목적은 다른 대상들에 의해 부과되어 있다. (행위의) 목적은 어떤 대상의 힘이 또 다른 대상에 대해 미치는 힘일 뿐이다. 헤겔은 기계론이 항상 "총체성을 향한 열망"[149]을 수반한다고 진술한다. 기계론

---

148. Hegel, *Science of Logic*, p. 711~734 [헤겔의 체계에서 기계론이 세계 내 대상들이 맺는 상호 필연적이고 외적인 연관을 지시한다면, 화학론은 그 같은 객관적 대상들의 차이가 지양되어 무차별적 중화가 이루어지는 과정을 가리킨다. 화학론적 대상은 친화력을 통해 각자의 성질들을 중화시키며, 긴장적 관계를 이루면서 결합한다. 그러나 이러한 화학론적 결합은 주관적 수준에 머무르기에 사물의 보편적 연관을 달성하지는 못한다는 한계를 갖는다. 왜냐하면 모든 대상은 전체와의 결합을 통해 자신에게로 귀환함으로써 비로소 절대적 통일에 도달하기 때문이다. 여기에 필요한 것이 목적의 개념인 바, 헤겔은 기계론과 화학론이 이념의 목적 필연성을 획득함으로써 지양되고, 더 높은 통일성을 향해 발전해 갈 수 있다고 생각했다. ─ 옮긴이 주].

149. Hegel, *Science of Logic*, p. 736.

은 스스로를 총체화하고자 하며, 대상 이외에는 아무것도 존재하지 않는다고 주장한다는 것이다. 그러나 여기서 기계론은 자기 자체를 총체화하고자 [그 자체가] 추동된다는 개념적 문제가 발생한다. 존재하는 모든 것은 대상들이며 그것들 사이의 외적 관계만 있는 탓이다. 그렇지만 어떠한 대상도 적합하게 지시할 수 없을 뿐만 아니라 오직 하나의 대상으로만 종결된다는 결론이 나오는데(본래의 주장대로라면 최소한 두 개의 구별되는 대상이 있어야 한다는 게 문제다), 그 경우 왜 그것 자체가 (이론적 입장에서 볼 때) 존재할 수 있는지 더 이상 설명할 수 없게 된다. 기계론에 따르면, 존재하는 모든 것은 대상이며 그 관계들이지만, [기계론이라는] 그 자체는 대상이 아니기 때문이다. 그럼으로써 대상 및 대상들의 관계 외부에 무엇인가 있으며, 그것은 "목적"의 개념 속에서 형상화됨으로써 해결될 수 있으리란 가정이 성립한다. 이러한 목적의 개념은 "목적"으로 명쾌하게 개념화되는 것에 대립하는 방식으로만 정립된다.

화학론적 설명은 이 문제를 피해 보려는 시도이다. 화학론은 실체를 움직이게 만드는 내재적 원인이 있음을 가정하는 바, 이 입장은 화학론 자체에 따른 화학론의 존재 이유를 설명해 준다. 여기서 목적은 목적에 의해 추동된 실체들에 특수한 것이다. 단순한 외부의 대상적 목적에서부터 비대상에 내재하는 목적에 이르기까지, 이런 방식으로 화학론은 기계론의 대상들을 주체화한다. 그러나 나를 움직이는 무엇인가가 내 안에 있다면, 나는 그것이 나의 의지의 대상이 되는 한에서만 그것과 관계맺을 수 있다. 화학론에서 사정은 다르다. 나를 추동하는 것이 내부에 있다 할지라도, 그것은 언제나 내 외부에 남아 있다. 그것은 내재적 외부인 것이다(심지어 외적인 인과성 이상이라 할지라도). 화학론적 목적은 나를 내부적으로 결정짓는 것이지만, 그럼에도 불구하고 나는 그것에 영향을 끼칠 수 없다. 나는 그것과 직접 마주칠 수 없는 까닭이다(가령 내 손가락이 얼마나 길게 자랄지는 내 의지로는 알 수 없는 법이다). 설령 기계론과는 다른 것이라 할지라도(화학론은 아리스토텔레스적 판본이다), 그와 같은 목적의 설정은 자연 필연성을 가정하는 것이다. 그러나 우리는 또한 궁극적으로 모순적인 "목적"의 개념을 그로써 획득하게 된다. 목적은 언제나 이미 내재적으로 주어진 것이기에, 정위定位되지 않는 것이다. 화학론은 목적을 (자연적으로 주어져 있기에) 정위되지 않는 것으로 (그리하여 스스로를) 정위함으로써 목적의 정위 행위를 부정한다.

이는 헤겔의 논증, 즉 자본주의의 본성을 형성하는 화학론과 기계론의 연결을 순전히 축약적으로 제시한 것일 뿐이므로 다음과 같이 다시 써 볼 수 있겠다. 개인이 도달할 수 있는 범위 너머에 무엇인가 있고(화학적 힘), 그것이 목적의 존재 및 소유에 있어서 (기계론으로 향하는)[150] 환원적이고 구체적인 동일화를 추동하게 된다. 한편에는 목적의 개별화 및 구상력의 상실이 있다. 다른 한편에는 결코 정위된 적이 없으되 언제나 이미 자연에 의해 놓여진 목적이 있다. 자본의 환원적이고 재생산적인 운동은 모든 주관적인 행위의 내적 목적이 되고, 그 행위들을 내부로부터 외부로 결정짓고, 기계론을 포용할 정도로 밀어붙인다. 주관적 행위를 견인하는 지향성은 실은 지향성의 그림자일 뿐이다. 따라서 그것이 실현시키는 자유도 그림자에 불과하다. 부르주아지는 "인격적 가치를 교환 가치로 용해시켜 버렸으며, 문서로 보장된 혹은 정당하게 얻어진 수많은 자유들을 단 하나의 파렴치한 상업적 자유로 바꾸어 놓은"[151] 것이다. 기계론과 화학론은 목적

150. 가령 목적에 대한 이러한 해석은 언론의 자유를 이미 해방으로 보게 만들기에 수단과 목적을 혼동했다는 올바른 비판을 받게 된다. "사태에 그림자를 드리움으로써 아무것도 얻지 못하는" 것이다. Friedrich Engels, "Deutsche Zustände III," in MEW, vol. 2 (Berlin: Dietz 1962), p. 583.

151. Marx and Engels, Communist Manifesto, p. 37[『공산주의당 선언』,『칼 마르크스 프리드리히 엥겔스 저작선집 1』, 최인호 외 옮김, 박종철출판사, 1990, 403쪽].

의 개념을 설정하는 방식들로서, 그것을 자연 필연성으로 뒤바꿔 놓고 진정한 주관적 행위를 폐지해 버린다.

목적에 대한 기계론자와 화학론자의 논리는 자본주의의 논리를 구성한다. 즉 자본주의의 기능을 마치 그것이 자연 필연성인 것인 양 나타나도록 만드는 것이다. 이는 자본주의가 자연 필연성이기 때문이 아니라, 무엇이 목적인지를 기계론적이고 화학론적으로 가공하고 또 비자연적 실체를 끊임없이 창조함으로써 자본주의가 스스로를 자연화하도록 만드는 경향을 갖기 때문이다. 자본주의적 구조를 자연화하는 행위가 「공산주의당 선언」의 저 유명한 구절에 어떻게 연결되는 것일까? "부르주아지는 사회적 관계들 전체에 끊임없이 혁명을 일으키지 않고서는 존립할 수 없다." 사회를 영속적으로 근대화할 때 "극히 혁명적인 역할"을 맡고, 노동자라는 "분열되어 있는 대중"을 산출하는 과정을 계속 앞으로 밀어붙여야 하는 것이다.[152] 그럼 자연화와 혁명은 어떻게 함께 작동하게 되는 걸까? 자본주의와 더불어 "인간 사회의 전사前史는 막을 내렸다"[153]는 마르크스의 명쾌한 진술을 기억

---

152. Marx and Engels, *Communist Manifesto*, pp. 38, 36, 45[「공산주의당 선언」, 403, 402, 408쪽].

153. Marx, *A Contribution*, p 264.

해 보자. 역사 발전을 추동하는 힘처럼 보이는 것은, 설령 그것이 시간성 자체를 소멸시키는 것처럼 보일지라도, 비역사적이고 전역사적인 사회적 관계이다. 이는 자본주의가 그림자어린 전前 인간적(비-동물적) 행위자를 계속 양산함으로써, 그리고 지배의 전근대적 형태로 영속적으로 퇴행하는 방식으로 작동하기 때문이다.[154] 현상적 구조를 영구화하기 위해 벌어지는 문자 그대로 영속적인 "혁명"이 있다. 그것은 전환 없는 전환으로서, 그 무엇도 혁명화하지 않는 길이다, 현재 우리의 논의에 깔린 가설을 읽고자 할 때, 이 사태는 무엇을 의미하는가? 마르크스의 비판은 동굴의 신화를 다시 모델링했거나 다시 현행화한 것인가?

만일 동굴의 수인을 노동자와 동일시한다면, 우리는 그 수인이 바로 그림자라는 것, 그리고 수인이 동굴의 구성적 작동 요소를 재생산하는 중요한 일부라는 놀랄 만한 결론에 도달하게 될 것이다. 그림자로서의 노동자는 그 자신의 존재 및 그가 생산하리라 가정된 것, 그리고 (마치 상품이 그에게 그렇게 하라고 명령하기라도 한 듯) 그가 시장에서 수행하

---

154. 오늘날 점점 뚜렷해지고 있듯, 자본주의는 이전 형태의 지배로 퇴행하며 작동하고 있다. 예를 들어 https://www.vice.com/en_us/article/4waq9n/the-slaves-of-dubai을 보라.

리라 전제된 것에 의해 포획되어 있다. 이 범주에 대한 마르크스의 비판을 통해 우리가 알게 되는 것은 "환상의 이론"인 바, 그것은 "생산의 수행자이자 자본주의적 관계의 담지자로서 노동자의 자리를 차지하기 위해 자본가에게 [또한 노동자에게도] 필수적으로 요구되는"[155] 이론이다. [환상을 자본가와 공유한다는] 이러한 의미에서 "노동자"는 그 어떤 특권화된 해방적 위치에 대한 이름이 아니다. 차라리 그것은 (최소한 잠재적으로는) 그러한 위치를 가정하도록 만드는 유혹에 붙여진 이름인 바, 노동자가 직면하는 끊임없는 명령 즉 "너는 아무것도 아니다. 그러니 모든 것을 차지하려고 (모든 것이 되려고) 노력하라!"는 부재하는 무無를 구체화하는 근거를 제공한다. 그러므로 노동자를 표상하며 그 자신을 회복하게 해주는, 비-동물의 이면에 노동자의 소외된 실체 같은 것은 없다.[156] 구성적 추상화의 이면 혹은 바깥으로부터 풍요로운 구체적 현실 생활의 그림자가, 더 많은 그림자들이 출현하는 것은 자본주의의 그림자 논리를 통해서이다. 그림자들

---

155. Rancière, "The Concept of Critique", p. 108.
156. "담지자의 빈약한 현실성만을 유지하면서, 주체는 대상성 및 실체성의 구성적 원리를 가능케 하는 실체적 밀도를 상실하게 된다." Rancière, "The Concept of Critique", p. 106.

은 계속해서 증식한다.

마르크스의 묘사는 또한 자본주의 정치경제학이 플라톤의 신화적 동굴에 구조적으로 비견될 만한 무엇인가를 구축하고 있음을 지시한다. 동굴에서—이는 자연화하는 경향의 일부인데—시간은 공간에 흡수되어 있다. 역사 및 (자기-자연화를 통해) 시간성 자체가 소멸하면서, 오직 특별한 종류의 공간인 자본주의적 지구 곧 "자본의 세계 내부"[157]만이 존재하게 되었다. 이 세계 내부는 "경제적 대상들이 연결되고 사회적 과정들이 은폐되는 동시에 함께 표명되는 곳"[158]이다. 그 세계는 "구조의 결정이 그 자신을 선포하는 바로 그 공간이다(판타스마고리아[走馬燈]적 대상성의 공간)."[159] 그러므로 세계 자체는 존재하지 않는다. "글로벌화"라는 과정, 신비화 및 세계의 그림자 속에서 자본주의가 창조하는 쿠폴라cupola, 지붕만이 존재한다. 그곳을 혁명화하리라고 가정된 주체는 없다. 다시 말해, 주체의 그림자만이 있지, 그 그림자를 (투과해) 볼 수 있으리라 가정된 주체는 존재하지 않는다. 주체의

---

157. Peter Sloterdijk, *In the World Interior of Capital. For a Philosophical Theory of Globalization* (Cambridge: Polity 2013)을 참조하라.

158. Rancière, "The Concept of Critique," p. 86.

159. Rancière, "The Concept of Critique," p. 87.

세계는 세계의 그림자다. 마치 플라톤적 알레고리의 운명론적인, 과장된 판본처럼 들릴 수도 있겠다. 그 내부로 눈길을 돌린다는 것은 무엇을 뜻하는가?[160] 시선의 전환을 위해 정치경제학 비판을 읽는 한 가지 방식을 참조해 보자. 이는 생산의 현실적 측면이나 추상화 이면의 구체적 삶을 알기 위해서가 아니라, "우리 자신이 그 이면으로 가보지 않으면" 그림자 뒤에서는 "아무것도 볼 수 없음"을 알기 위해서다.[161] 달리 말해, 정치경제학 비판으로부터 우리가 배우는 것은 (심지어 재이중화되었을지라도) 추상화는 세계(의 그림자)를 만들어 낸다는 점이다. 많은 이들이 (마르크스의 저 유명한 정식을 빌린다면) "이 내용은 왜 특수한 형태를 가정하고 있는지"[162] 묻지 않는다 해도 말이다. 우리는 헤겔이 『논리학』에서 "그림자의 왕국"[163]에 대해 언급한 바를 상기해야 한다. 마르크스는 헤겔의 기계론 및 화학론의 연관에 의지해 자신의 논의를 암시적으로 펼치고 있는 데, 이는 단지 공허한 추

---

160. 자본주의 동굴에서 (시선)전환의 이론을 현행화하려는 현대적 시도에 관해서는 다음을 보라. Alain Badiou, "De quell réel cette crise estellele spectacle?" at http://www.entretemps.asso.fr/Badiou/Crise.htm.

161. Hegel, *Phenomenology*, p. 103.

162. Marx, *Capital*, p. 174.

163. Hegel, *The Science of Logic*, p. 37.

상화와는 엄격히 구분되는 것이기 때문이다. 요컨대 그림자를 동반한다 할지라도, 그 과정은 타당하다. 하나는 둘로 분열한다. 궁극적으로 (헤겔이 "목적론"이라 부른) 목적을 설정한다는 의미를 파악하기 위해 기계론과 화학론의 개념을 횡단했던 것은 비단 헤겔의 저작만이 아니었다. 후일 헤겔은 플라톤처럼 주장하길, 목적을 설정하기 위해 우리는 (절대적) 이념을 가져야 한다고 주장했다. 마르크스 또한 그와 같은 길을 걸어야 한다고 암묵적으로 주장했던 게 아닐까?

『논리학』에 따르면, 순수 사유는 구체적 대상물로부터 온전히 추출된 순수한 그림자를 통해 가동되지 않을 수 없다. 하지만 그 같이 유약한 매개물이야말로 종국적으로는 적합한 세계의 창조를 이끌어 낸다. 『논리학』은 "창조 이전의"[164] 신의 사유를 묘파해 내며, 이념의 개념뿐만 아니라 그 창조가 (완전히 혹은 불완전하게) 끝나고 현행화되는 지점에서 종결된다. 우리는 그림자의 왕국이 어떤 진정한 무엇으로 우리를 이끄는 길이 거기에 있음을 알게 된다. 그 진정한 무엇은 그림자의 왕국 바깥에 있지는 않으나 그림자 자체에서 연유한 실재의 왕국이라 할 수 있다.[165] 이는 그림자의 또 다른 쓰임새이며, 세계를 창조하는 그림자의 다양하고도 유물론

164. Hegel, *The Science of Logic*, p. 29.

적인 실천이 된다. 헤겔이 명확히 보여 주었듯, 창조 이전의 신이 자유로운 것처럼 자유롭다는 것이 무엇인지 그 의미를 정확히 이해하기 위해서는 그림자(즉 개념)의 힘겨운 단계를 통과해야 한다.[166] 오늘날 어떻게 시선을 전환할 것인지, 그림자의 환원적 동굴로부터 어떻게 탈출하고 회귀할 것인지, 그 적절한 해답을 찾기 위해서는—다만 그 첫 번째 순서로서—마르크스로부터 헤겔로 우리의 시선을 돌리는 것부터 시작해야 하지 않을까? 정치경제학 비판(또는 어떤 다른 비판도)이 우리에게 무엇을 해야 할지 알려 줄 수는 없노라고 말할 수도 있다. 하지만 자본주의의 탈마법화하면서 재마법화하는 기이한 마력을 깨지는 못할지라도, 적어도 인간이 "오직 분열을 통해서만 그의 진리를 획득한다"[167]는 말의 뜻을 이해하는 데는 마르크스로부터 헤겔로의 전환이 (마르크스를 대체하기 위해서가 아니라 헤겔을 통해 다시 마르크스로 돌아가기 위한) 하나의 방법을 제공할 수 있을 것이다.

---

165. 알랭 바디우에 따르면 진리의 실천은 동굴로의 회귀와 유사한 특정 상황에서 지식이 구성되는 데 영향을 끼친다(그는 이 효과화를 "강제적"이라 부른다).
166. 이를 위해 우리는 기이한 주인(신)을 필요로 한다. 신이 무엇에 대해 생각하는지 알 수는 없으나 말 그대로 우리의 모든 일에 임하시는 것과 마찬가지로, 주인은 우리가 경험하는 모든 일에서 우리를 전혀 도우려 들지 않을 것이다.
167. Hegel, *Phenomenology*, p. 19.

3

부정성의 각인을 남기기 :
헤겔이 마르크스를 읽다

*"고독 속에서 방황하던 철학을 밖으로 끌어내기 위해 우리는
지고한 시대 정신으로부터 부름을 받았다는 희망을 품어야 한다."* [1] *(헤겔)*

상식적인 이야기부터 해보자. 자본의 발전 논리는 단 하나
의 목적에 기반해 있다. 이윤의 극대화가 그것인 바, 이러한
투기적 운동이 (전 지구적 수준에서) 사회에 어떤 영향을 끼
치는지는 전혀 고려하지 않은 채 벌이는 활동을 가리킨다. [2]
사회적 현실 자체의 구조적 변화를 무시하는 이 같은 자본
의 자가 발전은 그 전개의 특정 지점에 이르러 자신의 한계
에 도달할 것인가, 혹은 영원히 계속해서 앞으로 나아갈 것
인가? 전 지구적 차원의 후기 자본주의 [3]는 일련의 적대와 모
순을 생산하며, 이는 사회적 형식 안에서 해소될 수 없을지

---

1. 헤겔의 『역사철학강의』 하이델베르크 판본 중 1816년 10월 28일 강연에 실린 문
   장이다. — 옮긴이 주.
2. 이 글의 초고를 읽고 논평해 준 가브리엘 투피남바Gabriel Tupinambá, 프랑크
   루다, 세렌 리차츠Serene Richards에게 감사드린다.

도 모른다. 궁극적으로, 그 같은 적대와 모순은 재생산의 지속에 종언을 고할 것이 확실하다. 하지만 자본주의의 종식이 세계의 종말을 동반하게 될 것인지 아닌지는 아직 불확실한 상황이다.

오늘날 철학적 도전과 더불어 정치적 도전은 자본주의적 재생산이 중지될 수 있는 형식을 고려하는 것일 뿐만 아니라, 자본주의적 발전의 현대적 형식에 의해 틀지어진 그 도전이 어떻게 사회의 변화를 방해하거나 조건짓는지 사유하는 것이기도 하다. 다시 말해, 우리는 사회 전체의 장에서 자본에 의해 야기된 사회적 변화와 전환에 관해 어떻게 사유해야 하는가? 변화된 노동의 지위로부터 노동계급의 위기와 "비물질적" 자본, 생태학적 재난과 새로운 기술적 혁신, 호모 사케르homo sacer 등에 이르기까지 어떠한 사유가 가능한가?

슬라보예 지젝에 따르면 자본주의를 벗어나려는 우리의 사유는 다음과 같은 점을 염두에 두어야 한다.

공산주의 이념에 계속해서 충실하기만 한 것으로는 충

---

3. "후기 자본주의"라는 표현은 매우 역설적으로 들린다. 제국주의는 자본주의의 최고 단계라는 유명한 말을 남긴 레닌을 위시해 1930년대의 독일 사회학자들에 이르기까지, 또한 자본주의의 최근 단계로서 신자유주의적 형태를 지목해 낸 프레드릭 제임슨까지도 모두 "후기 자본주의"라는 개념을 사용해 온 탓이다.

분치 않다. 이 이념에 실천적 긴박함을 부여하는 적대를 역사적 현실 안에서 찾아내야 하는 것이다. 오늘날 유일한 진짜 문제는 이것이다 — 우리는 자본주의의 압도적 자연화를 승인하는가, 그렇지 않으면 오늘날의 세계 자본주의는 그것이 무한정 재생산되는 것을 막을 만큼 충분히 강력한 적대를 담고 있는가?

이에 근거하여, 지젝은 자신이 "묵시록의 네 기사"라고 부른 네 가지 적대를 열거하고 있다.

　다가오는 생태적 파국의 위협, 소위 "지적재산권"과 관련한 사유재산 개념의 부적절함, (특히 유전자 공학에 있어서의) 새로운 기술-과학적 발전의 사회 · 윤리적 함의, 마지막으로 그러나 여전히 중요한 것으로, 새로운 장벽 Walls, 월가과 빈민가의, 즉 새로운 형태의 아파르트헤이트의 생성. 이 마지막 특징 — 배제된 자를 포함된 자로부터 분리하는 간극 — 과 앞의 세 가지 사이에는 질적인 차이가 있다. 그 세 가지는 하트와 네그리가 "공통적인 것"the commons이라고 부르는 것의 상이한 측면들을 가리키는데, "공통적인 것"은 우리의 사회적 존재의 공유된 실체로

서 그것의 사유화는 우리가 필요시 폭력적 수단을 동원해 저항해야 할 폭력적 행위를 포함한다.[4]

만일 공통적인 것에 대한 참조가 공산주의 개념의 귀환을 정당화해 준다면, 처음 세 가지의 적대는 네 번째 적대의 관점에서 독해되어야 할 것이다. 지젝이 지적하듯 "앞의 세 가지는 사실상 인류의 경제적, 인류학적, 심지어 물리적 생존의 문제에 관련된 반면, 네 번째는 궁극적으로 정의의 문제에 해당되기"[5] 때문이다. 그렇다면 위기의 관건은 공통적인 것의 개념을 자유주의적으로 전유하는 것을 회피하는 데, 즉 연대나 공통의 재화 혹은 다른 유사한 정치적이고 개념적인 궤변의 공허한 관념들로부터 그것을 소생시키는 데 있다. 공통적인 것의 인클로저enclosure는 프롤레타리아화 과정으로 귀결되며, 이는 확실히 마르크스에 의해 상상된 사회적 현실을 훌쩍 넘어설 것이다.[6]

이는 우리를 일련의 상호연관된 문제와 질문으로 이끌어

4. Slavoj Žižek, *First as Tragedy, Then as Farce* (London: Verso 2009), pp. 90~91[『처음에는 비극으로 다음에는 희극으로』, 김성호 옮김, 창비, 2010, 182~183쪽].
5. Slavoj Žižek, *The Courage of Hopelessness: Chronicles of a Year of Acting Dangerously* (London: Allen Lane 2017), p. xix.

간다. 첫째, 그것은 동시대적 현재성을 표현하는 데 있어 철학의 기능과 관련되어 있다. 이것이 동시에 철학 자체의 문제라고 과감히 주장하는 것은 그다지 과장만은 아닐 듯하다. 철학적으로 말해, 사유는 현재의 순간을 표현하려는 시도에서 시작되며 그와 동등하다. 가령 플라톤이 『국가·정체』 *Politeia*에서 사람들이 철학자가 될 수 있는 최선의 조건을 제공하는 도시에 관해 사유하려고 노력했던 것이 그렇다. 이는 지성의 동등성이라는 철학적 전제에 기반해서 이루어졌던 일이다. 똑같은 예가 『법철학』에서 새로운 국가적 비전의 얼개를 그리지 않았던 헤겔에게도 적용된다. 하지만 플라톤과 헤겔 양자에게서 동일한 전제를 가정한다 할지라도, 하나의 근본적인 차이가 그들 사이에는 존재한다. 플라톤은 이상적

6. Gabriel Tupinambá, "The Unemployable and the Generic: Rethinking the Commons in the Communist Hypothesis," *Palgrave Communications*, 3 (August 2017), at https://www.nature.com/articles/palcomms201773 [『처음에는 비극으로 다음에는 희극으로』, 184~185쪽을 참조하라. 인클로저enclosure는 16세기 이래 영국에서 벌어진 경작지 몰수 현상으로, 지주 귀족이 소작농을 내쫓은 자리에 울타리를 쳐서 목축업을 했던 경향을 가리킨다. 근대적 소유권의 확립 과정에서 재력과 권력으로 무장한 지주 귀족이 공유지마저 사유화함으로써 농민들은 유랑 빈민의 처지가 되거나 더 열악한 조건에서 산업 노동에 종사해야 했다. 근대 프롤레타리아 형성의 역사적 기원으로 흔히 거론되는 사건인바, 지젝은 공통적인 것의 사유화가 결국 새로운 프롤레타리아 형성의 촉매제가 될 것이라 경고했다. — 옮긴이 주].

인 국가의 얼개를 그리고 상상했던 반면(모종의 정치적 이념을 실시하도록 디오니시우스에게 충고할 정도였다), 헤겔은 현재의 분석에 자신을 한정짓는 데 "만족"하는 형편이었다. 그런데 프롤레타리아화와 철학 사이의 연계란 무엇인가? 프롤레타리아적 위치란 노동자가 자신의 노동력을 팔아 얻는 돈에 상응하는 지위에 놓일 때, 즉 노동자가 탈주체화되는 순간에 규정된다. 이런 의미에서 프롤레타리아적 위치는 자본주의적 적대가 산출한 교착 상태의 완벽한 전형이다.

둘째, 그것은 마르크스주의와 철학 사이, 공산주의와 정치 사이의 상호의존적 관계에 관련되어 있다. 우리가 마르크스와 철학에 관해 언급할 때, 우리는 사유의 동일한 분과 내에 있는 서로 다른 위치들의 관계에 대해 말하고 있지는 않은가? 혹은 실존하지는 않으나 동일한 분과에 기입되어 작동하는, 서로 독립적이되 상호연계되어 있는 두 가지 지적 영역을 염두에 두고 있지는 않을까? 이로써 다음과 같은 역설적 테제가 따라 나온다. 마르크스(와 마르크스주의)는 철학자가 아니다(마르크스도 마르크스주의도 각각의 철학이다). 그것은 철학 내부에 특정한 위치를 갖지 않는다. 하지만 (정치경제학 비판이라는 의미에서) 마르크스주의는 철학 자체에 대해 결정적인 효과를 빚어 낸다.

이런 문제 의식이 우리를 이 장章의 문턱까지 이끌어 왔다. 철학과 자본주의 사이의 관계는 어떤 것인가? 자본주의가 철학에 아무런 관심이 없음에도, 철학은 언제나 자본주의에 관심을 기울인다. 그렇다면 철학은 우선 자본주의를 이해하는 데, 그 다음으로는 비판하는 데, 그리고 마침내 자본주의를 종식시키는 데 도움이 될까? 자본주의가 반反철학적인 정도는 아니어도, 비非철학적인 기업주의라고 선포하는 것은 어렵지 않다. 사회적 생산 체계로서 자본주의는 스스로를 유용성의 요구에 맞춤으로써 그 철학적 야망을 포기해 버렸기 때문에 비철학적이다. 하지만 이것은 자본주의의 이데올로기적 "진리"다. 예컨대 자본주의는 "작동 중인" 유일한 사회적 체계의 자리에 스스로를 놓아서 자기의 성공을 반영하고, 그로써 자신을 중립적 용어로 제시하는 것이다. 그럼에도 불구하고 우리는 몇 가지 특수성들, 곧 자본주의 자체의 특징들에 관해 지적해야 한다. 그것은 자본주의가 어떠한 초월론적 변명도 하지 않은 채 공개적으로 지배를 표명하고 전시하는, "지배 관계에 기초한 최초의 체계"라는 사실이다. 칼 마르크스가 「공산주의당 선언」에서 언명한 바,

부르주아지는 자신들이 지배권을 얻은 곳에서는, 모든

봉건적, 가부장제적, 목가적 관계들을 파괴하였다. 부르
주아지는 타고난 상전들에 사람을 묶어 놓고 있던 잡다한
색깔의 봉건적 끈들을 무자비하게 끊어 버렸으며, 사람
과 사람 사이에 노골적인 이해관계, 냉혹한 '현금 계산'이
외에 아무런 끈도 남겨 놓지 않았다. 부르주아지는 신앙
적 광신, 기사적 열광, 속물적 감상 등의 성스러운 외경畏
敬을 이기적 타산이라는 차디찬 얼음물 속에 집어넣어 버
렸다. 부르주아지는 인격적 가치를 교환 가치로 용해시켜
버렸으며, 문서로 보장된 혹은 정당하게 얻어진 수많은
자유들을 단 하나의 파렴치한 상업적 자유로 바꾸어 놓았
다. 한마디로 그들은 종교적, 정치적 환상에 의하여 은폐
되어 있던 착취를 공공연하고 파렴치하며 직접적이고 무
미건조한 착취로 바꾸어 놓았던 것이다.[7]

자본주의에서 사람들은 사회적 관계를 그것이 현상하는
방식에 맞춰 바라보도록 강제당한다. 이를 넘어설 수는 없
다. 말하자면, 지배와 착취는 정확히 현상의 현상, 외관의 외

7. Karl Marx and Friedrich Engels, "The Communist Manifesto," in *The
Communist Manifesto and Other Writings* (New York: Barns &Noble Classics),
pp. 9~10 [『공산주의당 선언』, 『마르크스 엥겔스 저작선집 1』, 최인호 외 옮김, 박
종철출판사, 1993, 402~403쪽].

관에 기초해 있는 것이다. 지배와 착취는 존재론적 영역과 분리된 또 다른 장소를 취하지 못한다. 이 논리에 따르면, 자본주의에서 지배의 개방성과 가시성이란 정확히 불투명성을 만들어 내는 지배의 가시성을 말한다. 우리가 상품 형태를 참조해야 하는 곳이 여기다. 상품이 그것에 기입된 속성을 갖지 않음이 분명함에도 불구하고, 변증법적 분석을 통해 우리는 마치 상품이 그러한 속성을 갖고 있다는 듯 취급되고 있음을 알게 된다. 그러므로 (상품 형식 및 지배 관계 등의) 별것 아닌 듯한 부분들이 사회적 형태 속에서 어떻게 진정한 수수께끼로 변하는지 아는 방법은 오직 그러한 변증법적 분석뿐이다.

앞서 「공산주의당 선언」에서 인용된 문구로 되돌아가 보자면, 자본주의는 우리로 하여금 사유를 추동하게 만드는 감각을 갖고 있다. 이러한 이상스러운 상황은 자본주의가 전 지구적 수준에서 사회를 조직하는 형태임에도 불구하고, 우리가 자본주의에 관해 사유할 수 있는 개념적/철학적 도구를 갖고 있지 못하다는 데서 기인한다. 그러나 마르크스도 알고 있었듯, 자본주의는 진정 역설적이라 할 만하다. 그것은 비가시적으로 존재함에도 불구하고, 동시에 지금까지 존립해 온 모든 사회적 체계들 가운데 가장 사유 가능한 대상으로서 실존하기 때문이다(어떠한 사유 불가능한 신도 자신의 보증을 위해 사유 가능성에 의지하지 않는 것처럼).

「공산주의당 선언」의 가장 유명한 문구로 돌아가 보자. "모든 견고한 것들은 대기 중에서 녹아 버린다." 이를 해석하는 가능한 테제 중 하나는 다음과 같다. (현대의) 철학들 중 대부분은 아직 자본주의에 부합하지 못하고 있다. 이는 철학이 자본주의 자체에 맞서지 못한다는 의미에서가 아니라, 「선언」의 진폭과 결과를 완전히 수용한 철학이 없다는 의미에서 그렇다. 철학은 대개 어느 정도까지는 견고함에 매달리곤 한다. [그런 견고함이 자본주의에서 잘 드러나지 않기에] 철학은 자본주의에 대해 사유하지 않는다. 하지만 폭넓게 말해 철학이 "본성적으로" 반자본주의적 사유라는 데 근거해 있는 한, 자본주의는 철학과 관련된 문제라 할 만하다. 따라서 만약 견고한 모든 것은 대기 속에 녹아 버린다는 함축과 그 결과를 수용할 수 있다면, 철학은 현대에 적합한 것이라 말할 만하다. 종교로부터 기술에 이르기까지 견고한 것은 다양한 형태를 통해 사회 조직의 전근대적 형식으로 회귀하기 위해 현상한다. 가령 자본의 힘이 무자비하게 파괴하고 시장의 냉혹한 힘으로 대치해 놓은 성스러운 것은 실상 자본주의적 관계가 발생시킨 영구적인 단절과 절단을 은폐하기 위한 보상

책이다. 두말 할 것도 없이, 반동적인 보상책인 것이다.

그러므로 자본주의는 비철학적 체계라는 괴상한 추론에는 보충적 테제가 따라 붙어야 한다. 이 추론이 괴상한 까닭은 자본주의가 인류 사회 조직의 역사에서 가장 추상화에 근거한 체계이기 때문이다. 금융 자본을 예로 들어 보자. 여기서 마르크스의 고전적 정식인 M-C-M(화폐-자본-화폐)은 M-M으로 변환된다. 즉 가치화는 우회되며, 매개하는 심급으로서의 상품 없이도 돈은 돈 자체로 구매되는 것이다. 그러나 생산의 물질적 수준(차원)이 (존재적 차원이 결여된 자본/금융 투기라는) 형이상학적 수준으로 상승하는 곳에서도 그런 일이 실제로 일어날 수 있을까? 감히 주장하자면 금융 자본은 생산의 수준을 재조직할 수 있겠지만, 우회하는 방식으로는 할 수 없다. 이에 대한 최선의 사례는 올림픽이나 월드컵 같은 거대한 이벤트에서 찾아볼 수 있겠다. 이것들은 (새로운 방식으로 나타난) 생산적 이벤트이지만, 국제 자본의 금융 회로라는 관점에서 볼 때만 이해되는 것이다. 『요강』에서 마르크스는 주장하길, 자본주의에서는

인격적 예속 관계와 대립되는 객관적 의존 관계도(객관적 의존 관계란 겉보기에는 독립적인 개인들에게 자립적으로 마주

198

서는 사회적 관계들, 즉 개인들 스스로에 대하여 자립화된 상호적 생산 관계들에 지나지 않는다), 과거에는 개인들이 서로 의존 했던 반면, 이제는 추상들에 의해 지배당하는 것으로 나타난다. 그러나 추상이나 관념은 영주나 주인에 다름 아닌 저 객관적 관계들의 이론적 표현에 지나지 않는다.[8]

그러한 관계들은 다음과 같이 표현될 수 있다.

[물론 관계들은] 관념들을 통해서만 표현될 수 있으며, 따라서 철학자들은 자신들이 관념들에 지배당하는 것을 근대에 특유한 것으로 이해했고, 이 관념 지배의 붕괴를 자유로운 개성의 산출과 동일시했다. 이데올로기적 관점에서 볼 때, 관계들의 저 지배(덧붙여 말하자면 모든 환상을 벗어 버린 일정한 인격적 예속 관계들로 다시 전환되는 저 객관적 의존)가 개인들의 의식 속에서는 관념들의 지배로 현상하고, 이 관념들, 즉 저 객관적 의존 관계들의 영구성에 대한 믿

8. Karl Marx, *Grundrisse: Foundations of the Critique of Political Economy* (London: Penguin Books 1993), p. 164 [『정치경제학 비판 요강 I』, 김호균 옮김, 백의, 2000, 146쪽. 한국어판은 '객관적objective'을 '물적'으로 번역했다. 독일어 원전에 따른 한국어판에 따라 인용했다].

음이 지배 계급에 의해 어떤 방식으로든 확립되고 조장되
며 주입될수록 이러한 오류는 쉽게 범해질 수 있었다.[9]

"관념"이라는 단어는 헤겔적 의미에서 파악되어야 한다.
헤겔은 『법철학』 서문에서 이렇게 쓴 바 있다. "이성적인 것,
그것은 곧 현실적이며, 또한 현실적인 것, 그것은 곧 이성적
이다."[10] 이 테제야말로 그가 오늘날까지 그토록 엄청난 시
련을 겪게 된 (수많은 다른 이유들 가운데) 가장 주요한 이유
라 할 수 있다. 헤겔의 비판자들에 따르면, 이 진술은 프로이
센 군주제를 정당화하고 있으며, 그로써 근대적인 변화와 전
환, 혁명의 가능성을 봉쇄시켜 버렸다는 것이다. 더 나아가
이 테제는 현실과 사유를 화해시키려는 진술로도 읽힐 수 있
는데, 그로써 현재의 사유뿐만 아니라 정치적 질서 모두를
재사유하고 변혁시키려는 시도를 중단시키게 된다. "현실적
인 것은 이성적이고 이성적인 것은 현실적"이란 테제를 통
해 헤겔은 어쩌면 철학과 정치, 역사 등에 있어서 절대적 상
태에 도달했을지 모른다. 하지만 그의 주장의 지향점은 정반

9. Marx, *Grundrisse*, p. 165 [『정치경제학 비판 요강』, 146쪽].
10. G. W. F. Hegel, *Elements of the Philosophy of Right* (Cambridge: Cambridge University Press 1991), p. 20 [『법철학 I』, 임석진 옮김, 지식산업사, 1989, 32쪽].

대 방향에 있었다. 예컨대 "이상"으로부터 멀리 나아가는 것과 현실의 일부로서 이성을 방어하는 것은, 모든 것이 "우연의 동요에 예속되며" "쇠퇴와 훼손"의 가능성에 놓인다는 의미임을 그는 명확히 언명했던 것이다. 우리가 사태를 그 현재적 상태 속에서 사유하려는 것은 그 사태를 우연으로부터 방어하려는 것이며, [역설적이게도] 헤겔의 테제는 바로 이 [우연에 대한 방어]를 저지하려는 시도였다. 영원성은 역사 속에 위태롭게 놓여 있고 역사 속에서는 어떤 것도 영원할 수 없음을 철학은 승인한다.

그저 아무런 이상만은 아닌 이 신적 이념의 순수한 광명 앞에서는 세계가 흡사 광란의 도가니이고 무의미한 사건인 것 같은 외관은 즉시 소실되고 만다. 철학은 이 신적 이념의 내용, 그것의 현실성을 의식하려고 하며 모욕받은 현실을 변명하려고 한다. 왜냐하면 이성이란 바로 신의 사업에 대한 이해이기 때문이다. 그럼에도 불구하고 왜 종교적·인륜적·도덕적인 목적과 상태가 일반적으로 쇠퇴·훼손·몰락하고 있는가 하면, 그것들은 물론 그의 내적 본질이라는 면에서는 무한하고 영원하지만 그 형태는 한정된 것이며, 따라서 자연 연관 안에 있고 우연성의 지배 아래 있기 때문이라고 말하지 않으면 안 된다. 그 때문에 그것들은 무상하고, 쇠퇴와 훼손에 직면하고 있는 것이다.[11]

여기서 결정적인 테제는 이념 바깥에 이념의 내재적 실존이 있다는 점이다.[12] "이념을 제외하고는 그 어떤 것도 현실적이지 않다." 헤겔주의적 이념의 규범적 차원이 여기에 있다. 헤겔도 잘 알고 있었듯, 철학과 비판 사이의 관계는 대단히 중요하다. 그러나 헤겔이 비판 철학자가 아니었음을 고려할 때, 이 관계는 굉장히 역설적이다. 오늘날 비판과 철학은 위기에 처해 있다. 왜냐하면 양자는 바로 개념적 틀을 결여하고 있는 탓이다. 그러한 개념적 틀 안에서 비판과 철학은 스스로를 표현하거나, 혹은 사유의 활동으로서 가동될 수 있을 것이다. 하지만 그 같은 개념적 틀의 결여로 인해 비판과 철학은 쓸모없는 의견들의 집적물로 퇴락해 버렸고, 불임 상태에 빠져 퇴물이 되고 말았다. 오늘날 우리는 그 어느 때보다도 더욱 헤겔을 요구하고 있을지 모른다. 정확히 그야말로

---

11. G. W. F. Hegel, *Philosophy of History* (Ontario: Batoche Books 2001), p. 51 [『역사철학강의』, 김종호 옮김, 삼성출판사, 1990, 97쪽].
12. Hegel, *Elements of the Philosophy of Right*, p. 20.

비판 없는 비판 철학자였던 까닭이다. 내재적 비판이란 체계가 체계 자신을 어떻게 비판하는가에 관한 문제이지, 외부로부터 개입한 쟁론이 아니다. 아마도 이것이 유물론자 마르크스가 자본주의에 관해 사유할 때 헤겔의 방법을 채택할 수밖에 없었던 확실한 이유였을 듯하다. (자본주의가 명백히 자기 것으로 취할 수 있던) 비판적 입지점을 포기하면서도, 역사의 어떤 비결정성을 "구출"할 수 있는 유일한 방법은 여전히 헤겔에게 있었던 것이다.

최근 수십 년 동안 벌어진 사회적이고 과학적이며, 정치적이고 경제적인 거대한 전환은 공산주의 정치학의 모든 가능한 형태를 위한 조건으로서 정치경제학 비판으로의 회귀가 필요함을 적극적으로 확인해 주고 있다. 그렇다면 마르크스의 작업은 자본주의 발전의 현대적 형태에 대한 관념을 우리에게 제공하고 있는가? 달리 말해, 마르크스의 작업은 자본주의의 전환에 관해 사유할 수 있는 개념적 틀을 제공해 주는가? 앞서 우리는 철학의 동시대성에 관한 가능한 정의에 대해 언급한 바 있다. 그렇다면 우리가 마르크스의 정치경제학 비판에 관해 논의할 때, 그 같은 원리를 통해 마르크스 이론의 동시대성에 대해서도 평가하고 있는가? 마르크스의 이론은 정치경제학 비판과 자본주의 전환의 실제 효과를 다시

사유하는데 있어 필수적인 시금석이라고들 한다. 이를 저지
하는 장애물은 사회적 지배와 착취, 이윤 대對 지대, 동시대
자본주의의 사회적 관계 및 자본주의 동학 등에서 발생하는
여러 차원들에 대한 분석과 관련되어 있다.

이 장의 목적은 노동가치와 착취에 대해 다시 사유함으로
써 마르크스로의 귀환을 제안하려는 것이다.

마르크스를 위한 변증법

정치경제학 비판에 대한 접근은, 알튀세르가 "경제적 일
탈"이라 부른 것으로 퇴행하지 않는 한도 내에서 철학적 입
장에 근거해야 한다(혹은, 최소한 매개되어야 한다). 그러나 대상
자체에 고립된 채 연구됨으로써 정치경제학 비판, 특히 자본
에 대한 비판의 인식론적 지위는 모호해져 버렸다. 철학에
대한 마르크스의 관계에 관해 언급할 때, 우리는 그의 정치
경제학 비판이 철학의 장으로 굴러 떨어지진 않을 것이라 말
하곤 한다. 하지만 마르크스가 자신의 전체 저작들에서 비판
의 개념을 채택하는 형식과 방법에 대해 분석해 본다면, 우
리는 상당히 흥미로운 결과를 만나 보게 된다. 가령 그는 모
든 비판의 첫 머리에 종교 비판을 놓으면서 자신의 비판을

시작한다("종교에 대한 비판은… 모든 비판의 전제조건이다"). 그 다음으로 철학에 대한 비판이 이어지고("자위 행위와 성적 사랑에서와 마찬가지로, 철학과 현실 세계에 대한 탐구는 서로 동일한 관계를 맺는다"), 마침내 정치경제학 비판으로 마르크스는 자신의 작업을 끝맺고 있다. 이 모두는 순환적으로 보이는데, 마르크스의 정치경제학 비판은 그로 하여금 종교 비판으로 되돌아가도록 만들었기 때문이다. 더 정확히 말해, 『자본』의 첫 번째 장에 나오는 한 절은 상품 물신주의에 관해 다루는데, 그것은 비록 상부구조적 현상과 경제적 토대에 함께 관련되어 있다는 점에서 두 가지 상이한 "수준"의 차이를 보이고 있음에도 상품의 종교적 구조를 연상시키고 있다. 여기서 우리는 잠정적으로나마 철학을 대상 없는 지식으로 규정지음으로써 한 걸음 더 나아가야 한다. 철학을 대상 없는 지식으로 간주한다는 것은, 철학을 잘 조직된 지식 생산의 이론적 본체로 여김으로써 해당 지식의 인식론적 지평에 철학을 제한시킨다는 뜻이 아니다. 오히려 철학은 존재론적 가정 속에서 이해되고 개념화되어야 한다. 알튀세르가 주장했듯, 철학은 그 자신의 고유한 대상을 갖지 않는다. 철학은 자신의 전제로서 그 자신을 가질 뿐이다. 다른 한편, 정치경제학 비판은 연구 대상을 대상과 방법, 이론의 수준에서 고전적 정치경제학의 이론적 변형으로 받아들이지 않는 한 자기 자신을 고유한 대상으로서 갖는다.

이는 마르크스의 후기 작업에서 근본적인 문제를 제기하는 바, 정치경제학 비판이 전제조건과 현재성 등을 다시 사유할 수 있는 범위로서 철학적 토대에 던지는 질문이 그것이다. 마르크스의 후기 저작을 재해석해야 하는 이 엄중하고도 도전적인 임무를 떠맡은 이론가는 모이셰 포스톤Moishe Postone이다. 그의 기획은 "자본주의에 대한 강력한 비판 이론을 재형성하는" 데 있다.[13] 여기서 나는 그의 저술 중 일부만을 다루어 보려 한다. 그것은 헤겔과 마르크스의 관계에 나타난 변증법에 대한 그의 독해다.[14] 헤겔에 대한 마르크스의 관계를 해석하면서 포스톤은 마르크스의 헤겔 거부 및 수용의 역사적 궤적을 제시한다. 이러한 분석은 자본에 대한 마르크스의 개념화가 갖는 여러 수준들을 구분하려는 시도이며, 그로써 마르크스가 헤겔의 절대정신이나 실체로서의 주체, 총체성 등 개념들에 크게 빚지고 있음을 규명하려는 목적을 갖는다.

13. Moishe Postone, "Labor and the Logic of Abstraction," *South Atlantic Quarterly*, 108/2 (2009), p. 307.
14. 포스톤의 작업에 대한 상세한 독해는 다음을 참조하라. Slavoj Žižek, *Living in the End Times* (New York: Verso 2010), pp. 191-243.

그럼 변증법적 방법에 대해 포스톤이 도달한 결론을 자세하게 인용해 보도록 하자.

『자본』에 대한 마르크스의 변증법적 해명 구조는 헤겔에 대한 메타적 주석으로서 읽혀야 한다. 마르크스는 헤겔을 고전적인 정치경제학에 "적용"한 것이 아니라, 자본주의 사회의 사회적 형식이라는 관점에서 헤겔의 개념들을 맥락화했던 것이다. 즉 헤겔에 대한 마르크스의 원숙한 비판은『자본』의 범주들을 해명하는 데 있어 내재적이다. 헤겔이 그 개념들을 해명했던 것과 평행적으로, 마르크스는 그것들이 표명하는 결정적인 사회역사적 맥락을 암시적으로나마 제공하고 있다. 마르크스의 분석을 따르자면, 변증법과 모순, 주객 동일성에 대한 헤겔의 개념은 자본주의적 현실의 근본적 다면성을 표현하지만, 그것들을 적확하게 포착하고 있지는 못한다. 헤겔의 범주는 소외된 생산 양식의 대문자 주체로서 자본을 설명하지 못할 뿐더러, 특수한 내재적 모순에 의해 추동되어 있는 역사적 동학의 특별한 형태를 분석하지도 못한다는 것이다.

포스톤에 따르면 헤겔은 절대정신이 대문자 주체라는 점,

그리고 변증법은 운동의 보편적 법칙이라는 본성을 갖고 있
다는 점을 확증해 주었다. 다른 한편,

헤겔이 자본주의의 추상적이고 모순적인 사회 형식을
포착했으나 그 역사적 특수성을 파악하진 못했노라고 마
르크스는 암시했다. 대신 헤겔은 이상적인 방식으로 자본
주의의 형식을 실체화함으로써 그것을 표현했다. 그럼에
도 헤겔의 이상주의[관념론]는 그러한 형식을 부적합한 방
식으로 표현한 것이었다. 가령 주체와 객체가 동일성을
갖는다는 것, 그리고 각자 자신만의 고유한 생을 영위한
다는 것 등을 나타내는 범주로써 그 형식을 제시한 것이
다. 이와 같은 비판적 분석은 그 이상주의적 범주들을 단
순히 인간학적으로 전도시킨 유물론과는 매우 다르다. 인
간학에 근거한 이상적 범주들은 자본주의의 특징인 소외
된 사회적 구조를 분석하는 데 적합하지 않다. 왜냐하면
자본주의는 인간 위에 군림하며, 진정 인간의 의지와는
무관하게 존립하는 탓이다.[15]

15. Moishe Postone, *Time, Labor and Social Domination: A Reinterpretation of Marx's Critical Theory* (Cambridge: Cambridge University Press 1993), p. 81.

알튀세르는 마르크스의 유물론이 그저 헤겔의 관념론적 체계를 전도시킨 것만이 아니라 관념론의 상상적 테제에 대한 유물론적 해명에 해당된다고 주장한 바 있다. 그와 반대로 포스톤은 마르크스가 관념론을 유물론으로 역전시키거나 전도시킨 게 아니라고 단언한다. 오히려 마르크스는 헤겔 관념론의 유물론적 "정당화"라는 게 그의 핵심이다. 이로부터 한 걸음 더 나아간 포스톤의 생각은 다음과 같다.

『자본』은 리카도에 대한 비판인 만큼이나 헤겔에 대한 비판이기도 하다. 마르크스에 따르면 그 두 사상가는 현존하는 사회적 형태에 결박된 사상이 뻗어 나갈 수 있는 최대한도를 표현했다는 데 의의가 있다. 마르크스는 그저 리카도를 "급진화"하거나 헤겔을 "유물론화"시킨 게 아니다. 자본주의적 노동에서 드러나는 역사적인 특징으로서 "이중성"을 설명하면서, 그는 본질적으로 역사적인 비판을 수행한다. "노동"과 절대정신의 개념을 리카도와 헤겔은 기정사실로 받아들였고, 이에 따라 자신들의 탐구 대상이 갖는 역사적 특징에 대해 완전히 포착하지는 못했다. 원숙한 마르크스의 분석에 나타난 설명 방식이 자본의 문제 설정에 대해 헤겔의 변증법을 "적용"한 것뿐이라

는 주장은, 상품에 대한 그의 비판적 해명이 리카도의 가
치 이론을 "이어받은" 것에 다름 아니라는 주장만큼이나
얼토당토 않다. 상황은 정확히 그 반대다. 마르크스의
논증은 내재적 비판에 해당된다. 그것은 헤겔과 리카도
의 이론적 문맥에서 사회적 형식의 특징을 참조함으로
써 그들 이론의 근거를 추적하고 설득력 있게 구성하는
작업이기 때문이다.[16]

포스톤이 "전통적 마르크스주의"라고 불렀던 것은 "리카
도-헤겔의 비판적 종합"이다. 그의 강조점은 노동의 개념에
맞춰져 있는데, 전통 마르크스주의적 해석은 부의 초超역사
적인 원천성 및 주체의 실체성을 노동의 개념을 통해 전제하
고 있었다. 포스톤이 설명하는 바, "전통적 마르크스주의"는
자본주의적 사회 관계가 주체의 자기 실현을 저해한다고 본
다. 마르크스의 변증법이 역사적으로 특수한 운동을 역사를
만드는 실천으로 전화시키는 동안, 비판의 준거점으로 제시
된 노동은 총체성을 구성한다. 따라서 프롤레타리아트를 대
문자 주체로 인식한다는 것은, 주체를 구성하는 활동이 완
수되어야 하는 것이지 극복되는 것은 아니란 점을 뜻한다.

16. Postone, *Time, Labor and Social Domination*, pp. 81~82.

이 관점은 그 같은 [주체 구성적] 활동을 소외로 간주하게 만들지 않는다. 포스톤은 노동에 근거한 모든 [전통 마르크스주의적] 비판이 "소외의 뿌리를 노동 바깥에서 찾으며, 구체적인 대문자 타자 즉 자본가 계급의 통제를 그 원인으로 본다"[17]고 지적한다.

우리가 마르크스주의를 리카도-헤겔적인 것으로 개념화한다면 그것은 "폭로"에 목표를 둔 비판으로 끝나고 말 것이다.[18] "폭로"의 과정을 완전히 기각할 필요는 없지만 그 배후를 캐묻고자 한다면, 우리는 포스톤의 다음과 같은 목표를 고려해야 한다. 그에 따르면 마르크스주의적 비판은 "자본주의 사회에서 이상과 현실이 사회적이고 역사적으로 구성되기 위한 근본적 이론"[19]으로서 작동하게 해야 한다.

그렇다면 포스톤의 입장을 어떻게 요약할 수 있을까? 그는 프롤레타리아 노동이 해방의 원천이라는 [전통 마르크스주의적] 이념을 거부한다. 오히려 노동은 프롤레타리아 해방의 주요 장애물이 되었다. "부의 원천은 노동이다"라는 테제를 거부하면서, 포스톤은 노동이 다음과 같이 사유되어야 한다

---

17. Postone, *Time, Labor and Social Domination*, p. 82.
18. Postone, *Time, Labor and Social Domination*, p. 82.
19. Postone, *Time, Labor and Social Domination*, p. 83.

고 역설한다.

　노동은 추상적이고 비인격적이며 유사 대상적 특징을
갖는다. 이 같은 매개의 형태는 사회적 실천(자본주의에서
의 노동)과 구조 즉 인간 행위와 세계관, 배치와 같은 결정
형식에 의해 역사적으로 구조화된다. 이러한 접근은 문화
와 물질적 삶 사이의 관계에 대한 질문을 사회적 매개의
역사적인 특수 형식과 사회적 "객관성" 및 "주관성"의 형
식 사이의 관계에 대한 질문으로 바꾸어 놓는다. 사회적
매개 이론으로서 그것은 주체와 객체의 고전적이고 전통
적인 이분법을 역사적으로 설명하면서 또 넘어서려는 노
력을 의미한다.[20]

　마르크스의 원숙기 저작에 대한 두 가지 접근 방법을 분리
하면서 포스톤은 "노동의 입장에서" 행하는 자본주의 비판과
"자본주의적 노동의 비판"을 구별짓는다. 후자는 마르크스
에 대한 그의 해석이 갖는 전제로 설정되어 있다. 이 과정에
서 포스톤은 "자본주의의 특징인 사회적 관계 및 지배 형태
가 소유 관계에 뿌리를 두고 또 시장에 의해 매개된 계급 관

20. Postone, *Time, Labor and Social Domination*, p. 5.

계를 통해서는 효과적으로 이해될 수 없다"고 단언하며, 그것이 마르크스의 분석이라고 주장한다.[21]

나로서는 이와 같은 마르크스 독해가 변증법에 대한 포스톤의 이해에 기초해 있노라 말하고 싶다. 『요강』의 번역본에 붙은 마틴 니클라우스Martin Niclaus의 서론을 논평하면서, 헬무트 라이니케Helmut Reinicke와 함께 그는 변증법을 특정한 이론적 형식으로 상정해 놓았다. 즉 변증법은 근대적 현상에 대한 분석으로서 역사적으로 제한된 방법이라는 것이다. 그들은 상품과 변증법을 특정한 역사적 맥락에 위치시키면서 양자 간에 평행성이 있다고 주장한다. 마르크스가 상품을 분석의 출발점으로 삼았던 이유는 자본주의 생산 양식이 지배적인 사회에서 부가 "상품의 거대한 집적"[22]을 표시하기 때문만은 아니었다. 이는 마르크스가 자신의 분석을 역사적으로 규정된 특수한 순간, 특정한 사회에 위치시키고 싶었다는 의미이다. 변증법이 특정한 역사적 시대 및 특정한 사회에 속한 방법이었기에 마르크스는 상품을 분석의 출발점에 놓았던 것이다. 따라서 포스톤은 상품 생산과 더불어 변

---

21. Postone, *Time, Labor and Social Domination*, p. 6.
22. Karl Marx, *Capital: A Critique of Political Economy*, vol. 1 (London: Penguin Classics 1990), p. 125.

3. 부정성의 각인을 남기기 : 헤겔이 마르크스를 읽다 213

증법이 탄생했다고 주장한다. 더 나아가 변증법의 대상은 상품이 생산되는 사회의 형태이다. 그는 변증법을 "보편적으로 적용 가능한 방법"으로 보지 않는다. 달리 말해, 변증법은 모순적 본성을 가진 결정 불가능한 현실에 대한 올바른 표현이 아니다. 차라리 변증법은 상품 형태의 출현과 함께 나타나 역사적으로 규정된 비판적 방법인 바, 상품의 총체성과 그것이 빚어 낸 특수한 역사적 모순에 의해 결정된 사회 형태를 분석할 때 가장 적합한 방법이라 할 만하다. 따라서 변증법은 자본주의나 근대주의 그 자체를 (비판적으로) 분석할 수 있는 이론(혹은 철학)의 형식이 된다. 그러나 이 형식은 비자본주의적이거나 포스트-자본주의적 입지점에서는 성립하지 않는다.

그렇다면 포스톤의 테제를 승인해도 좋을까? 아니면, 그의 저작 전체에 걸쳐 있는 역사주의적 관점으로 간주하여 기각해야 할까? 그에게 어울리는 방식으로 대답하려면, 이렇게 말해야 할 듯하다. 포스톤은 틀렸지만(변증법은 근대의 전환 즉 자본주의 사회에서만 등장했다) 동시에 맞았노라고(만일 변증법이 근대와 더불어 등장했다면 그 초역사적 타당성과 가정을 물리칠 수 없다). 물론 자본주의는 역사적으로 구성된 사회적 형태다. 생산물이 (물질적이든 아니든) 생산의 현장과 밀접히 연결되어 있다고 보는 장소 특정적 이론이 있는 것과 마찬가지로, 모든 사회적 형태가 비판적 도구와 개념적 수준에 따라 그 구성이 제한되는 것은 아니다.

포스톤은 마르크스의 변증법을 헤겔적 판본과는 다른 것으로 취급한다. 헤겔의 변증법이 "자기 의식적으로 자본주의적 생산 관계를 표현하"는 것인 반면, 마르크스의 변증법은 "자본주의적 관계의 표현"이기 때문이다. 따라서 마르크스 변증법의 이중적 특징의 첫 번째는 사유 형식이 역사적으로 파악된다는 점에서 비판적 인식론이라는 점이다. 여기서 비판은 사태 자체로부터 즉 자본주의 생산 양식의 모순으로부터 생겨난다. 그로써 자본주의적 사회 형태의 무효화가 비판의 목표가 된다. 두 번째 특징은 부정적 특성에서 연유하는바, 정치경제학 비판이 지닌 가장 강력한 차원은 순간성 즉 그것의 역사적 규정성에 있다는 것이다. 그래서 정치경제학 비판은 오직 부르주아적 사회 조직이 지배적인 사회 형태에서만 성립한다.

포스톤의 문제는 사회 형태의 힘에 대해 그가 제대로 인지하지 못했다는 데 있다. 즉 사회 형태는 그가 생각했던 것보다 영원성을 저지하는 데 더 미약하다. 변증법의 논리가 초기 자본주의의 논리와 역사적으로 연결되어 있기 때문에 양자를 함께 사유해야 하는 것이지, 자본주의의 논리가 즉각적으로 역사의 논리이기 때문에 그런 것은 아니다. 변증법이 자본주의의 소멸과 함께 사라지리라는 포스톤의 주장은 변증법을 발생시킨 인식 형태가 역사적 계기에 의해 중층결정되어 있다는 의미이다. 하지만 이는 사물과 현상이 변증법적으로 정해진 순서대로 출현한다는 의미에서 변증법적 논리가 "역사적"이라는 뜻은 아니다. 즉 변증법이 자본주의 시대의 산물이며 자본주의 자체의 인지적 도구로서 그것과 함께 사라질 것이란 주장은, 변증법적 방법이 역사적 출현 순서에 따라 사태를 표현하는 방식으로 작동한다는 의미가 아닌 것이다.

구조주의의 교훈은 사태의 또 다른 차원이다. 이에 따르면 관념과 개념, 현상 등의 역사적 발전은 그것들이 "산출된" 특수하고도 순간적인 경계로 환원되지 않는다. 헤겔이 잘 알고 있었듯 변증법적 과정의 전체적 요점은 현재가 고립적으로 존재하는 게 아니라는 데 있다. 현재는 늘 그것의 고유한 과거를 동반하며, 그로써 현재의 관점에서 재구성된다. 이것이 「공산주의당 선언」의 첫 대목을 진정한 헤겔주의적 관점에서 읽어 내는 방식으로서, 과거를 회고적으로 표현하는 방법이다. "지금까지 존재했던 사회의 역사는 계급투쟁의 역사이다." 자본주의 사회의 견지에서 볼 때 현재는 과거를 다시 쓰고 "창안해" 내야 한다. 지젝이 헤겔을 재개념화했 듯, 이것이 우리가 총체성을 파악하는 방식이 되어야 한다. 현재뿐만 아니라 미래와 더불어 과거를 포함하는 역사적 순간으로서의 총체성이 바로 그것이다. 총체성은 구체적인 역사적 순간을 뜻하며, 과거와 미래가 그로부터 나타난다. 그것은 가치의 생산 및 유통 과정 속에서 식별되는 데, 가치는 생산 과정에서 상품과 함께 명목적으로 생산된 후 유통의 순환이 완료될 때 비로소 실현된다. 자본 자체에 관해서도 동일하게 말할 수 있다. 주체의 원리가 활동을 매개하는 역할과 기능에 있는 것처럼, 상품 교환이라는 매개 작용의 작인 作因이 되는 한에서 자본은 (헤겔적 의미의) 대문자 주체라 할 만하다. 자본주의적 상품 교환 전체는 자본의 자기 운동인 셈이다. 여기서 우리는 헤겔의 실체뿐만 아니라 주체 관념과도 만나게 된다.

『요강』에서 마르크스는 변증법적 매트릭스에 대한 탁월한 세공을 이루었던 바, 이는 소급 운동의 원리를 시사해 준다.

부르주아 사회는 가장 발전되고 가장 다양한 역사적 생산 조직이다. 따라서 그 사회가 지닌 관계들과 그 사회의 구조에 대한 이해를 표현하는 범주들은, 동시에 모든 몰락한 사회 형태들의 구조와 생산 관계들에 대한 통찰력을 제공해 주는데, 부르주아 사회는 이 사회 형태들의 폐허와 요소들로 건설되며, 이들 중 아직 극복되지 않은 일부 잔재는 부르주아 사회 안에 존속하며, 단순한 암시들은 완성된 의미들로 발전되었다. 인간의 해부는 원숭이의 해부를 위한 하나의 열쇠를 쥐고 있다. 이에 반해 하급 동물류에서 보이는 보다 고차원적인 것들에 대한 암시는 고차원적인 것 자체가 이미 알려져 있을 때에만 이해될 수 있다.[23]

우리가 사회적 생산 조직의 예비적 양식들을 소급적으로 이해할 수 있는 것은 오직 자본주의 생산 양식에 이르러서이다. 마르크스가 자본의 본성을 고려할 수 있던 것 또한 헤겔의 변증법을 통해서였다. 변증법이 비목적론적이고 (포스톤의 용어로) 초역사적인 특징을 취한다는 것은 이런 의미에서다.

여기에 몇 가지 논평을 덧붙이는 게 적절하겠다. 변증법이 자본주의 시대의 산물이며 상품 형태의 역사적 진전을 "비틀린 방식으로" 보여 준다는 포스톤의 주장은, 변증법이 사태

---

23. Marx, *Grundrisse*, p. 105 [『정치경제학 비판 요강 I』, 김호균 옮김, 백의, 2000, 76쪽].

를 역사적 연대기의 순서로 제시한다는 것을 의미하진 않는다. 그의 논변은 그것을 논리적 순서로 보여 주기에 겉보기보다 훨씬 복잡하다. 하지만 변증법이 자본주의의 고유한 내적 논리의 산물이기에 오직 그것만이 자본주의에 대한 유효한 방법이라는 점은 분명하다. 내가 보기에 포스톤의 체계가 갖는 문제는 그가 진정한 추상화에 관한 알프레드 존-레텔의 중의적 테제를 이해하지 못했다는 점에 있다. 나는 포스톤이 존-레텔의 다음과 같은 [중의적 테제의] 첫 번째 단계를 반복한 점에서는 옳았다고 믿는다. 가령 기원전 7세기의 이오니아에서 화폐가 발명된 점으로부터 드러나듯, (일자, 영원성 등에 대한) 비변증법적 철학의 범주는 정확히 사회경제적 상황 내에 있었다는 것이다. 변증법적 범주는 자본주의의 새로운 사회경제적 상황에 대해서도 동일하게 조건지어진다. 그러나 존-레텔은 그 같은 사회경제적 생활의 "부수 효과"가 특수한 역사적 순간들 이후에도 존속하면서 계속적으로 효력을 발휘했으며, 이는 그 범주들이 양量에 대한 순수한 수학적 처리와 지속적인 유효성을 낳았던 것과 마찬가지로 근대 과학의 패러다임 역시 발생시켰음을 보여 주었다. 똑같은 논리가 변증법에도 적용될 만하다. 변증법은 역사적 조건의 산물이지만, 그 역사적 조건이 더 이상 현존하지 않는다 해도 곧장 신기루가 된다는 뜻은 아니다. 이렇듯 포스톤의 테제가 가진 문제 설정적 차원이 놓인 곳은 [존-레텔의 중의적 테제 중] 두 번째 테제라는 게 나의 생각이다.

우리는 헤겔과 자본을 어떻게 생각해야 할까? 지젝의 방식으로 정식화하고자 할 때, 명약관화하게 육박하는 자본주의적 질서의 헤겔적 차원을 보지 못하는 사람이 대체 있을 수 있을까?

헤겔과 자본주의

헤겔은 자본주의에 대해 비판적인 철학자로서 딱히 유명한 사람은 아니다. 그는 자본주의라는 단어를 언급한 일조차 드물다. 그의 철학 체계는 현존하는 체계를 지지하는 수단에 불과한 걸까?("현실적인 이성적이고, 이성적인 것은 현실적이다") 또는 자본주의에 내재하는 구성적 적대를 그가 보았던 걸까? 달리 말해, 자본주의는 헤겔의 윤리적 체계와 양립할 수 있을까? 또 다르게 말하자면, 자본주의는 헤겔 사유의 결과와 양립 가능한 것일까? 그가 승인한 것과 그 승인의 산물 사이에는 어떤 문제가 있을까?

이 지점에서 우리는 앞서 언급했던 헤겔의 내재적 비판에 대해 명료하게 인식해야 한다. 관건은 헤겔적인 내재성이 현재의 내부성 곧 현재의 개념이 지닌 현재성을 초과한다는 점을 이해하는 데 있다.

헤겔에 대한 통상의 비판은 대개 다음과 같다. 헤겔의 사변적 사상은 현실을 제쳐두고 하나의 개념에서 또 다른 개념으로 달음박질친다는 것이다. 그 같은 논변에 따르면, 헤겔은 자연과 정신, 사회, 법 등을 자신의 논리적 범주로부터 환원하고 연역함으로써 구체성을 추상적 보편성으로부터 산출한다. 그리하여 헤겔은 추상화의 죄악에 빠지고, 이로써 구체성과 현실성의 과정을 개념적 "창안"의 과정이 대체함으로써 사물의 질서가 전도된다는 것이다. 이러한 테제의 신봉자가 바로 알튀세르였던 바, 그는 헤겔이 "추상화를 악용했다"고, 즉 좋은 유물론적 용법을 버리고 사변적이고 관념론적 용법을 수용했노라고 탄핵했다. 놀랍게도, 헤겔은 곧 괴물이라는 이미지는 마르크스주의자들과 비마르크스주의자들을, 특히 프랑스에서 그들을 한데 묶는 지점이었다. 데리다식 비유를 해보자면, 들뢰즈와 푸코 및 다른 프랑스 철학자들과 나란히 알튀세르 역시 헤겔에 대한 조직적인 알레르기에 시달렸다. 어쩌면 들뢰즈의 다음 주장이야말로 이에 관한 최고의 정식화일지도 모른다. "헤겔 이후의 철학은 존재

론과 인간학, 형이상학과 휴머니즘, 신학과 무신론, 가책의 신학
과 원한의 무신론이 빚어 낸 이상한 혼합으로 드러난다." [24] 이러
한 ["이상한 혼합"으로서의] 전염병은 코제브Alexandre Kojève
에게까지 거슬러 올라갈 수 있는 바, 헤겔의 『정신현상학』
Phänomenologie des Geistes, 특히 절대 정신에 대한 그의 독해
는 전후 프랑스 철학의 모든 영역에 흔적을 남겼다.

『요강』에서 이 같은 입장을 요약했던 것은 마르크스 자신
이었다.

> 헤겔은 현실적인 것을 자체 속에서 총괄되고, 자체 속으
> 로 침잠하며, 자체로부터 운동해 나오는 사유의 산물로
> 파악하려는 환상에 빠진 반면, 추상적인 것으로부터 구체
> 적인 것으로 상승하는 방법은 사유가 구체적인 것을 점취
> 하고, 이를 정신적으로 구체적인 것으로 재생산하는 방식
> 일 뿐이다. [25]

24. Gilles Deleuze, *Nietzsche and Philosophy* (New York: Columbia University
Press 2006), p. 183 [『니체와 철학』, 이경신 옮김, 민음사, 1998, 316쪽]. 강조는
들뢰즈의 것이다.
25. Marx, Grundrisse, p. 101 [『정치경제학 비판 요강 I』, 김호균 옮김, 백의, 2000,
71쪽].

헤겔에 대한 이러한 거부는 존재와 사유의 동일시에 근거한 것이다. 그러나 정말 그러한가? 헤겔은 독일 관념론의 정점을 찍은 철학자로 간주되어 왔다. 그의 시대는 자본주의가 서유럽에서 지배적 생산 양식으로 구축되던 시기이기도 했다. 따라서 관념론과 근대주의 및 자본주의 사이의 상통성은 헤겔과 그의 당대적 현실에 대한 관계를 정교하게 다듬어 주는 길잡이가 된다. 그렇다면 우리는 자본주의 비판의 초석을 닦기 위해 헤겔 철학의 괴물적 체계성을 깊이 들여다보아야 지 않겠는가? 앞서 언급했듯, 마르크스와는 대조적으로 헤겔은 세계를 변혁하려는 어떠한 야심찬 계획에도 착수한 적이 없는, 아마도 가장 순수한 사변적 철학자였을 것이다. 실제로 『법철학』의 「서문」에 나타난 유명한 문장을 우리 모두는 이미 잘 알고 있다. "철학이 자기의 회색빛을 또다시 회색으로 칠해 버릴 때면 이미 생生의 모습은 늙어 버리고 난 뒤일 뿐더러 이렇듯 회색을 가지고 다시 회색칠을 한다 하더라도 이때 생의 모습은 젊어지는 것이 아니라 다만 인식되는 것뿐이다. 미네르바의 부엉이는 황혼이 깃들 무렵에야 비로소 날기 시작한다."[26] 이것은 헤겔의 심원한 유물론적 테제

26. Hegel, *Elements of the Philosophy of Right*, p. 23 [『법철학 I』, 임석진 옮김, 지식산업사, 1989, 36~37쪽]

로서, 앞서 인용된 테제("현실적인 것은 이성적이고 이성적인 것은 현실적이다")와 나란히 읽힐 필요가 있다. 미네르바의 부엉이는 황혼녘에 나래를 편다는 것, 즉 사회적 실천에 오래도록 종사한 끝에야 활동하기 시작한다는 헤겔의 언명은 사유가 사건을 뒤따른다는 것을 뜻한다. 사유 혹은 철학이 미래를 바라볼 수 없다는 이유가 여기에 있다. 그러나 마르크스의 입장은 정확히 반대편이다. 지젝을 좇아 우리는 헤겔에 대한 유물론적 반전을 시도해야 한다. 헤겔이 (독일 관념론의) 사유와 미네르바의 부엉이를 동일시하고 있을 때, 마르크스는 재빨리 골족의 수탉the Coq Gaulois, 프랑스 혁명의 상징 편에 서기 때문이다.[27]

헤겔적 사유 혹은 언젠가 마르크스가 언급했던 "탐구의 방법"은 사유 속에서 현실을 재구조화하려는 것이지, 사상 자체로부터 사상을 선험적으로 창조하자는 게 아니다. 이것이 헤겔의 전체 철학적 기획을 특징짓는다. 이참에 헤겔의 "탐구의 방법"에 대해 조금 더 검토해 보자. 『법철학』에서 그는 자신에게 대립하는 비판을 예견하고 있었던 듯싶다.

27. Slavoj Žižek, *Less Than Nothing: Hegel and the Shadow of Dialectical Materialism* (London: Verso 2012), p. 220 [『헤겔 레스토랑』, 조형준 옮김, 새물결, 2013, 403쪽].

여기서 결코 우리는 그러한 방식을 취하려는 것이 아니다. 왜냐하면 우리는 오직 개념 자체가 스스로를 어떻게 규정하는가를 관망, 주시하면서 우리의 생각이나 사유가 전혀 여기에 부가되지 않도록 자제해야 하기 때문이다. 그러나 이러한 방식으로 우리가 얻어 내는 것은 일련의 사상과 함께 또한 이와 다른 일련의 현존적 형태이거니와 이럴 경우에 실제로 현상화되는 시간의 질서는 부분적으로 개념의 질서와 다른 양상을 띠고 있음을 알 수 있다.[28]

다음은 헤겔의 입장이다.

우리가 여기서 다루는 것은 이러한 발전의 결과이다. 발생하게 될 이념으로부터 특수자의 규정이라는 결과를 얻기 위해, 그리고 발전하는 우주와 자연에 관한 인식적 지식 및 특수자에 관한 지식은 필수적이다… 과학이 성숙하게 되고, 더 이상 경험적인 것으로부터 출발하지 않아도 될 때, 그런 순간이 도래한다 할지라도, 과학은 개별적인

---

28. Hegel, *Elements of the Philosophy of Right*, p. 61 [『법철학』 임석진 옮김, 지식산업사, 1989, 91쪽].

것과 특수한 것으로부터 보편적인 것으로의 이행을 요구하게 마련이다. 경험과학의 고유한 이해관계에 따른 발전이 없었더라면, 철학은 과거에 도달했던 것 이상의 진전을 이루지는 못했을 것이다.[29]

헤겔에게 근대를 정의하는 범주는 무엇이었는가? 근대성을 구성하는 두 가지 주관적 특징과 사건을 우리는 고려해야 한다. 프랑스 혁명(자유의 새로운 관념이 이때 생겨났다)과 프로테스탄티즘, 즉 루터(주체는 진리라고 본 것만을 진리로 믿는다는 결정적 신념)가 그것들이다. 그럼에도 불구하고, 또 다른 차원에서 헤겔은 소유를 근대성의 규정적 원리로 여겼다.

근대성의 사회적 형식은 소유에 의해 규정된다. 그러나 소유는 계약과 오류, 범죄와 관련되어 있다. 요점은 소유와 그 파생물(계약과 오류/범죄)의 범주가 근대 세계를 분석하는 데 정확히 부합하는가 혹은 이 범주가 해당 사안에 대한 헤겔의 일반적 체계에 정확히 부합하는가에 있지 않다. 헤겔이 반자본주의의 신봉자였음을 선언하는 데 도움이 될 만한 장절章節을 그의 저술에서 발견할 수 있는가도 요점은 아니다. 모

---

29. G. W. F. Hegel, *Lectures on the History of Philosophy*, vol. 3 (Oxford: Calrendon Press 2009), pp. 89~90.

두를 만족시킬 만한 능력이 자본주의에 있는지 헤겔이 미심쩍어 했음에도 불구하고, 그는 시민사회에 만연한 불평등과 이기적 행위를 옹호했다. 이는 시민사회에 대한 대단히 모호한 장절에서도 찾아낼 수 있는 바, 그에 따르면 특수성(개인)과 보편성(시민사회)은 시민사회의 여러 분야에 각기 분리된 채 존재함에도 조건부로 서로 의존해서만 실존할 수 있다는 것이다. 가령 개인은 보편자 없이 자신의 필요를 독자적으로 충족시킬 수 없다. 또한 시민사회는 "만인의 힘을 흡수할 때" 더 나은 성과를 낼 수 있다. 그러나 헤겔은 양자가 존재하기 위해서는 하나가 다른 하나로 전환되어야 한다고 말한다. 예컨대 특수자(개인)는 그에게 쾌락을 안겨 주고 필요를 충족시켜 주는 모든 것에 탐닉하고 만다. "우연한 자의성과 주관적 변덕"이 그것이다. 반면 시민사회("윤리적 이념의 외적 세계")로서의 보편자는 "[탐욕으로 인한] 무절제와 [빈곤은 낳는] 참상을 드러내면서 양쪽 모두에게 공통된 자연적 및 윤리적 퇴폐상을 드러낼 것이다."[30]

이는 주체가 오직 시민사회를 통해서만 자신의 필요와 욕망을 실현시킬 수 있다는 뜻일까? 마르크스는 헤겔이 국가

---

30. Hegel, *Elements of the Philosophy of Right*, p. 222 [『법철학』, 임석진 옮김, 지식산업사, 1989, 308쪽]

를 시민사회를 통제할 수 있는 심급으로 개념화했다고 믿었
다. 특수한 개인은 국가가 그의 필요나 욕망을 채워 줄 수 있
는지의 여부에 따라 국가를 받아들이거나 거절한다기보다,
국가의 합리적 구조가 주체의 의지에 상응하는 한에서 후자
는 전자를 받아들인다는 것이다. 디터 헨리히에 따르면 마르
크스는 헤겔의 국가 개념을 제대로 파악하지 못했는데, 이는
그가 『정신현상학』의 개념적 장치에 의존하고 있었던 탓이
다. 즉 "『법철학』을 해석하는 수단으로서 『정신현상학』의 개
념적 틀을 채택하게 된다면, 『법철학』의 이론은 와해되어 버
리고 마르크스적 유형의 진단이 내려지게 된다."[31] 마르크스
는 국가를 절대자로 간주하는 헤겔의 관념을 이해하고 있었
다. 하지만 『법철학』에는 헤겔이 경제 분야를 포함하여 삶의
특정한 영역들에 나타나는 적대적 경향들을 통제하는 데 국
가의 역할이 있다는 구절들이 나온다. 예를 들어, 헤겔에 따
르면 소유의 합리적 측면은 "필요의 충족에서가 아니라 인격
의 단순한 주체성이 지양된다는 점에 있다. 소유를 통해서
비로소 인격은 이성으로서 존재하는 것이다."[32] 동시에 헤겔

31. Dieter Henrich, *Between Kant and Hegel: Lectures on German Idealism* (Cambridge, MA: Harvard University Press 2008), p. 329.
32. Hegel, *Elements of the Philosophy of Right*, p. 73.

은 노동 계약을 옹호한다.[33] 그런데 여기서 그의 전체 철학 체계 가운데 어떤 증상적 측면이 드러나는데, "군중"의 개념이 그것이다.[34] 그 같은 증상적 특징은 헤겔 체계의 다른 많은 요소들의 하나로서 지적되는 바, 그가 어렵사리 공들여 세공해 놓았지만 정작 그 자체에 대해서는 의식하지 못하고 있던 것이다.

이로부터 제기되는 문제는 아마도 공산주의 가설을 두고 작업하는 철학자들에게 주요한 임무로 설정된 듯하다.[35] 자유와 제도, 공산주의 사이의 타협 가능한 관계는 어떻게 설명될 수 있을까? 지젝은 이에 첫 번째 발걸음을 옮긴 사람이다. 그에 따르면 근대 해방 운동의 "원죄"는 권위를 거부하고 국가로부터 소외되길 원했던 "청년 헤겔주의자들"에게까지

33. Hegel, *Elements of the Philosophy of Right*, pp. 97~98을 보라.
34. 이에 관한 탁월한 독해의 하나로 다음을 참고하라. Frank Ruda, *Hegel's Rabble: An Investigation into Hegel's Philosophy of Right* (New York: Continuum 2011).
35. 2009년 이래 지젝과 바디우는 '공산주의 이념 국제학술대회'를 조직하여 런던과 베를린(2010), 뉴욕(2011)을 거쳐 서울(2013)에서 이 대회를 개최했다. Costas Douzinas & Slavoj Žižek(ed), *The Idea of Communism* (London: Verso 2010); Costas Douzinas & Slavoj Žižek(ed), *The Idea of Communism 2* (London: Verso 2013) 외에 최진석, 「슬라보예 지젝과 공산주의의 (불)가능성: 가설과 이념의 정치적 동력학」, 『마르크스주의 연구』 11(3), 경상대 사회과학연구원, 2014, 141~171쪽을 참조하라. — 옮긴이 주.

거슬러 올라간다.[36] 그리하여 앞서 언명한 논점에 대한 해법은, 우리 시대의 공산주의 운동과 철학자들이 "'노장 헤겔주의'적인 장소, 곧 공유된 윤리적 실체에 토대를 둔 강력한 국가를 재전유함으로써 성취될 수"[37] 있을 것이다. 이것이 이제부터 우리가 작업해야 할 과제이다. 즉, 헤겔적 영감으로 충전된 마르크스주의 노동 이론의 개요가 그것이다.

노동의 이론

『법철학』의 한 절에서 헤겔은 "추상적 노동"에 관해 다음과 같이 썼다.

노동에서의 보편적이고 객관적인 요소란 실은 수단이나 욕망의 특종화·전문화를 초래하고 또한 이로써 생산도

---

36. Žižek, *Living in the End Times*, p. 200.
37. Žižek, *Living in the End Times*, p. 200 [헤겔 사후 그의 제자들은 세 부류로 분열되었는데, 반헤겔적 좌파가 '청년 헤겔주의'이고, 보수적 우파가 '노장 헤겔주의'였다. 중도적 입장은 '헤겔 중앙파'로 불렸는데, 이들은 근대 국가 철학에 대한 좌파와 우파, 중도파의 기원을 이룬다. 좌파적 전통은 국가를 부르주아 지배 장치로 간주해 타파할 것을 역설해 왔으나, 지젝은 국가를 공산주의적으로 전유하는 데서 현실 사회주의 이후의 새로운 좌파 운동의 방향성을 타진한 바 있다. ─옮긴이 주].

전문화되면서 결국 노동 분업을 낳게 하는 추상화 작용으로서 나타난다. 이제 개인의 노동은 분업에 의하여 좀더 단순화되며 그로써 개인의 추상적 노동을 위한 기능과 함께 마찬가지로 개인에 의한 생산량도 더욱 증대된다. 그런가 하면 또 분업에 의하여 기능 및 수단의 추상화는 그 밖에 갖가지 욕망을 충족시키는 과정에서 인간의 상호 의존성과 교호 관계를 절대절명의 것으로 굳혀 놓게 된다. 그뿐만 아니라 생산 활동에서의 추상화는 노동 행위를 하면 할수록 더욱더 기계화되고 이로써 종국에 가서는 인간으로 하여금 노동에서 손을 떼고 그 대신 기계의 등장마저 가능케 한다.[38]

이 같은 [인간 노동에서 기계 노동으로의] 즉각적 연결은 노동 분업을 자본주의의 빼어난 특징으로 보았던 아담 스미스Adam Smith의 통찰이다. 헤겔이 스미스의 저작 및 (『법철학』의 서지 사항이 알려 주듯) 정치경제학의 새로운 업적들에 관해 잘 알고 있었다는 점은 주지의 사실이다. 그리고 (프레드릭 제임슨이 수공[手工]의 이데올로기라 불렀던) 작업과

---

38. Hegel, *Elements of the Philosophy of Right*, pp. 232~233 [『법철학 II』, 임석진 옮김, 지식산업사, 1990, 324쪽(§ 198)].

노동에 대한 그의 생각은 확실히 스미스의 개념보다도 훨씬 멀리 나아가 있었다.

추상적 노동은 이제 기계로 전환된다. 만약 우리가 현대적 용어로 이를 정식화한다면, 자동화로의 전환이라 부를 수 있겠다. 이는 마르크스에게서도 공명하는데, 그는 생산 과정이 "일련의 변화를 거쳐 종국에는 기계 혹은 차라리 자동 체계나 기계류로 이행할 것"[39]이라 천명했던 까닭이다. 이는 노동자가 기계에 의해 규정됨에 따라 그 반대로의 진행은 불가능해졌고, 이로써 노동자의 본성과 활동도 동시적으로 변형을 겪게 되었다는 의미이다.[40] 마르크스는 이를 "전통적인 노동의 의미의 역사적 전환"이라 지칭했다. 『인륜성의 체계』 *System der Sittlichkeit*에서 헤겔은 변형되는 노동의 구조에 대해 다음과 같은 적절한 논평을 남긴 바 있다.

대상 전체가 그 규정성에 따라 무릇 파괴되지는 않으며, 전체로서의 대상에 관여했던 노동은 스스로를 내적으로 분할하여 개별적인 노동이 된다. 그리고 이 개별적 노

39. Karl Marx and Friedrich Engels, *Collected Works*, Volume 29 (New York: International Publishers 1987), p. 82.
40. Marx and Engels, *Collected Works*, p. 83.

동은 그로부터 다양성이 배제되고 따라서 그 자체가 더욱 보편적이고 [살아 있는] 전체성과 소원한 것이 되기 때문에 더욱 기계적으로 된다.[41]

헤겔은 계속하기를,

스스로를 이렇게 분할하는 노동의 방식은 동시에 — 여타의 욕구들 역시 가공되어야 하므로 — 여타의 욕구들이 다른 방법으로, 즉 타인의 노동을 통해 충족된다는 점을 전제한다. 그러나 기계적 노동의 이런 둔감화[사멸화]에는 [주체가] 노동으로부터 자신을 전적으로 분리시킬 수 있는 가능성이 직접 놓여 있다. 노동이 다양성 없이 극히 양적이기 때문에, 다시 말해 지성 속에서 노동의 포섭이 지양되기 때문에, 절대적으로 외적인 것인 사물은 그 균일성[자기 동일성] 덕분에 또한 자신의 노동 속에서 그 자신의 운동으로 사용될 수 있다.[42]

41. G. W. F. Hegel, *System of Ethical Life and the First Philosophy* (Albany: State University of New York Press 1988), p. 117 [『인륜성의 체계』, 김준수 옮김, 울력, 2007, 40~41쪽].
42. Hegel, *System of Ethical Life and the First Philosophy*, p. 117 [『인륜성의 체계』, 41쪽].

3. 부정성의 각인을 남기기 : 헤겔이 마르크스를 읽다 233

이것은 헤겔과 마르크스 사이에서 단순히 연속성이나 평행성을 끌어낼 수 있게 되었다는 뜻인가? 헨리히에 따르면, 헤겔의 실재 철학을 마르크스가 제대로 독해하지 못한 까닭은 그가 『법철학』과 동일한 관념적 구조를 가진 『논리학』에 의지하지 않았기 때문이다. 우리는 이 테제를 받아들여야 하는데, 왜냐하면 헤겔이 [진정한] 헤겔이 된 것은 그가 존재론과 형이상학 사이의 구별을 기각, 혹은 차라리 극복했을 때, 그리하여 양자가 실제로 같은 것임을 깨달았던 때였기 때문이다. 『논리학』은 이 테제에 대한 궁극의 증명인 셈이다.

제법 흥미로워 보이는 짧은 우회로를 돌아가 보자. 잠시나마 지젝은 20세기에 『정신현상학』이 쓰여질 수 있는 가능성을 타진한 바 있다. "기술의 진보, 민주주의의 등장, 공산주의 실험의 실패, 파시즘의 공포들, 식민주의의 점진적 종말을" 통일시키면 그것이 가능할지 모른다.[43] 이전 세기에 벌어졌던 모든 사건들은 "무수한 '대립물들의 일치'—자유주의 자본주의의 파시즘으로의 전도, 그리고 이보다 한층 더 기묘한 10월 혁명의 스탈린주의적 악몽으로의 전도—는 헤겔적 독법을 요구하는 것처럼 보이는 아주 특권적인 소재가 아닌

---

43. Žižek, *Less Than Nothing*, p. 225 [『헤겔 레스토랑』, 412쪽].

가?"[44] 지젝에 비해 내 목표는 훨씬 작지만,『정신현상학』에 관해 덜 거창하더라도 폐부를 찌르는 질문을 던져 보는 일은 대단히 흥미로울 듯하다. 그럼 이제 헨리히로부터 한 걸음 더 나가 보자.『정신현상학』에서 헤겔에 통달해 있는 마르크스주의적 노동 이론을 찾을 수 있을까? 마르크스가 헤겔을 무척 많이 이용했음에도 불구하고, 그는 헤겔의 노동 이론을 차용하지는 않았다. 헤겔의 노동 이론을 마르크스에 포함시키는 작업은 다음 몇 가지 귀결들을 필연코 끌어낼 것이다. (1) 헤겔의 노동 이론은 마르크스 이론의 잔여분들과 함께만 제시될 수 있으며, 모자라는 간극을 채우는 정도에 불과할 것이다. (2) 마르크스 전체 저작의 주요 개념들은 수정될 필요가 있으며, 이 과제는 마르크스 저작의 "본성"에 심원한 변화를 일으킴으로써, 그것이 정말 마르크스적 개념인지조차 쉽게 알아보지 못할 수도 있다.

『정신현상학』에서 가장 이해가 가지 않는 구절 중 하나는 자기 의식에 관한 장의 끝 부분, 노동에 의해 주인과 노예의 변증법이 "해소"되는 장면이다. 마르크스와 루카치, 코제브, 라캉, 르브륑Gérard Lebrun, 지젝 등의 여러 철학자들을 어리

---

44. Žižek, *Less Than Nothing*, p. 226 [『헤겔 레스토랑』, 413쪽].

둥절하게 만들고 몹시 애먹게 했던 부분이 그것이다.

다음과 같은 방식으로 논의를 전개해 보자. 우선 『정신현상학』의 해당 구절을 인용하여, 실마리를 잡아 보겠다. 상세하게 인용할 필요가 있는 구절 전체는 아래와 같다.

대상을 형성·가공한다는 것은 다만 이 과정 속에서 순수한 대자적 존재로서의 노예가 자신을 객관적 존재로서 인지하게 된다는 긍정적 의미만을 갖는 것은 아니고 오히려 그러한 의식으로서는 이제 그의 첫 번째 계기와는 대조적인 공포라고 하는 부정적 의미를 함께 지니게 된다. 왜냐하면 사물을 형성하는 과정에서 이 봉사하는 의식에게서 그 자신의 고유한 부정성, 즉 그의 대자적 존재성이 대상으로 떠오르는 것은 오직 그 자신이 자기와 대립하는 위치에 존재하는 형식을 지양하기 때문이다. 그런데 바로 이 대상적인 부정적 요소야말로 그 의식이 전율을 느끼지 않을 수 없었던 낯선 실재였던 것이다. 그러나 이제 이 의식은 이와 같이 낯설고 부정적인 요소를 파괴함으로써 바로 그와 같은 부정 요소로서의 자신을 항구적인 지속적 존재의 터전 속으로 옮겨 놓은 가운데 마침내 그 자신이 자기를 고수하려는, 즉 자신의 독자적 존립 근거를 확인하는 대자적 존재가 된다. 말하자면 주인을 통해 볼 때는 노예에게서 대자적 존재란 어떤 낯선 것 혹은 단순한 객관적 사실로서만 받아들여졌을 뿐이다. 그러나 공포를 느끼는 상태에 가서는 이 대자적 존재가 어느덧 노예 의식 자체 내에 깃든 것으로 간주되는가 하면 다시 사물 형성의 단계에 와서는 이 대자적 존재가 바로 그 의식 자체의 고유한 존재로 받아들여짐으로써 마침내 여기서 노예적 의식은 자기 자신이 즉자 대자적으로 존재한다는 사실을 깨우치게 되는 것이다. 결국 이와 같이 형식이 객관화된 모습을 드러낸다고 해서 결코 그것이 노예 의식에서 다름 아닌 노동을 통해서 사물을 가공하는 바로 그 자신과 상이한 어떤 타자가 되는 것은 아니다. 왜냐하면 바로 이 형식이야말로 그 속에서 다름 아닌 노예 의식의 진리가 이룩되는 그 자체의 순수한 대자적 존재를 나타내 주기 때문이다. 그리하여 이제 자기 자신을 통해서 가능해진 노예적 의식에 대한 이상과 같은 재발견에 의하여 단지 생소한 의미만을 지니는데 그치는 것으로 간주되었던 다름 아닌 노동이 지니는 그의 고유한 의미가 되살아나기에 이른 셈이다. ─ 그런데 이러한 성찰에 다다르기 위해서는 공포에 못 이겨서 사역에 종사한다고 하는 어쩔 수 없는 사실과 또한 사물의 형성이라고 하는 이 두 계기가 필수적으로 요구되거니와, 이때 이 두 계기는 모두 일반적인 양식에 따라서 존재해야만 한다. 즉 봉사와 복종을 강요하는 기율이 따르지 않는 공포란 한낱 형식적인 정도를 벗어나지 못할 뿐더러 이것으로서는 결코 자기에게 의식된 한계 내에서의 현 존재적 세계를 넘어서는 자기 확산이나 신장을 도모할 수도 없다. 또한 사물 형성을 위한 노력이 따르지 않는 공포도 역시 내면화된 침묵 상태를 벗어나지 못할 것이므로 여기서 의식은 결코 자기 자신에게 대상화될 수가 없는 것이다. 그러므로 의식이 만약 최초에 경험했던 그 절대적 공포감을 저버린 상태에서 한낱 사물 형성을 위한 작업에만 몰두한다면 이러한 의식은 허황된 아집 이상의 것일 수 없을 것이다. 왜냐하면 그러한 의미에서 본 의식의 형태나 부정성이란 결코 즉자적인 의미에서의 부정성일 수는 없을 뿐더러 동시에 그에 의한 형성 및 가공 행위도 결코 그 자신으로 하여금 본질적 실재로서의 자기에 대한 의식을 지니도록 할 수 있는 것은 아니기 때문이다. 그밖에도 또한 만약 이와 같은 의식이 절대적인 공포가 아닌 단지 스쳐지나가는, 미미한 정도의 불안을 견뎌 냈을 뿐이라면 역시 부정적인 본질이란 것도 그에게는 한낱 외적인 것에 지나지 않을 뿐더러 또한 그의 실체도 철두철미하게 그와 같은 부정적 본질에 의해서 삼투될 수 없을 것이다. 이렇게 볼 때 결국 그의 자연적인 의식 속에 포용되어 있는 모든 내용들이 근본으로부터 동요되지 않고서는 여전히 그가 즉자적으로는 여전히 특정한 존재 형태에 구속되어 있다고 할 수밖에 없을 것이다. 그리하여 자기만이 간직해 온 뜻, 즉 자기의 마음은 어느덧 아집으로 변하고 말 것이니 이것은 여전히 노예 상태를 벗어나지 못한 자유에 불과한 것이다. 마치 순수한 형식이 그에게는 본질로서의 의미를 지닐 수 없듯이 또한 이 형식도 개별적 영역을 초월한 더 넓은 자기 확산을 요한다는 점에서 볼 때 결코 보편적인 형성 작용이나 절대적인 개념이 될 수는 없으며 오히려 부분적인 범위에서만 그 위력을 발휘하는, 따라서 보편적인 권력이나 전체적인 대상적 본질을 압도할 수는 없는 한낱 기교에 그치고 말 것이다.[45]

45. G. W. F. Hegel, *Phenomenology of Spirit* (Oxford: Oxford University Press 1977), pp. 117~118 [『정신현상학 I』 임석진 옮김, 지식산업사, 1994, 269~271 쪽].

노동이 사물에 부정성의 각인을 남긴다는 사상은 대단히 심원한 것으로서, 의식이 외부에서 자기 자신을 인식하는 과정인 외화Entäußerung의 논리에 대한 통상의 이해와 상충된다. 헤겔에 따르면 외화란 "주체의 바깥에 있는 것을 통해 주체가 바로 그 자신으로 생성되는 형성 과정[사물 형성]이기 때문이다. 만일 노동이 인식의 문제이자 창조자와 창안물 사이의 조화에 대한 문제라면, 대상에 남겨진 각인은 자기 의식의 긍정적 특징이 될 것이다. 이 자기 의식을 통해 주체는 자신을 포착하게 되고, 노동 생산물에서도 동일한 것을 인식할 수 있다. 하지만 이 과정은 어떤 조건의 노예 상태든 "지양"할 수 있다는 뜻은 아니다. 가령 노예에 의해 장악된 대상은 노예 자신과 유사한데, 노예 역시 주인에 의해 장악되어 있기 때문이다. 주인과 노예 사이의 외적 긴장이 새로운 방식으로 재구성될 때, 그때야 비로소 노동은 주인/노예의 이중성에 대한 변증법적 극복이 가능해진다. 그러므로 헤겔적 노동의 논리를 이해하기 위해 우리는 『정신현상학』에서 주인과 노예의 장 직전 단계를 짧게나마 재구성해 보아야 한다.

욕망의 대립이 두 가지 욕망 사이의 인정 투쟁으로서 "실현"되는 것을 보여 준 헤겔의 방식에 관해 우리는 잘 알고 있다. 욕망은 교착 상태에 놓인다. 가령 우리는 무엇인가를 욕망할 때, 우리가 그것을 욕망하는 한 우리는 그것에 의해 규정되어 버린다. 만약 우리가 욕망하는 것을 얻게 된다면, 그 욕망의 중지가 주는 위험을 감수해야 한다. 이러한 의미에서 실정적[긍정적] 대상을 욕망한다는 것은 욕망을 실정화[긍정화]하는 위험을 무릅쓰는 것이며, 그로써 욕망의 대상을 상실하고 욕망하기 자체를 중지하게 될 수도 있다. 오직 또 다른 욕망을 욕망함으로써만 나는 부정적 대상을 이전처럼 대상으로서 취할 수 있으며, 이로써 결여된 대상에 대한 욕망을 주장할 수 있게 된다. 오로지 또 다른 욕망을 욕망함으로써 욕망은 근원적인 욕망을 채우는 바, 그 역시 욕망하는 것으로 남겨지는 것이다. 그러나 어떤 대상을 또 다른 욕망으로 취하는 것은 또 다른 욕망의 대상이 되는 것을 뜻하기도 한다. 즉 타자의 [욕망의] 대상이 되는, 또 다른 종류의 실정성[긍정성]을 감수해야 하는 것이다. 헤겔이 "인정 투쟁"이라 명명했던 것이 바로 이것이다. 대상의 부정성에 의해 규정되는 본질이 욕망 자체인 바, 두 욕망 중 어느 쪽이 부정적인 극이 될 것인가? 둘 중 어느 쪽이 실정적[긍정적]이 될 것인가? 그리하여 부정성은 실존적인 것으로, 즉 비본질적인 질質로 바뀔 것인가? 헤겔은 타자의 욕망의 부정성을 대상으로 고정시킴으로써 욕망을 유지할 수 있는 욕망을 "주인"이라 부른다. 반면 "노예"란 대상을 고정시킬 수는 없으되 자기 자신을 대상으로 삼을 수 있는 욕망을 가리킨다. 노예의 욕망은 주인이 욕망하는 것을 욕망한다. 이런 의미에서 그것은 대상을 갖고 있지 않다. 그런데 주인은 노예가 그의 자리에서 욕망하는 것 이외에는 아무것도 욕망하지 않는다.

두 입장 중 어느 쪽도 과거의 모순적 긴장, 즉 욕망의 상태와 욕망하지 않는 상태 사이의 긴장에 빠지지 않는다. 그 대신 양극 사이에 내재하는 모순의 해소를 통해 새로운 긴장이 일어나게 된다. 주인의 욕망은 그가 자기의 노예를 대상으로 삼기 때문에 가능해진다. 다시 말해, 그의 욕망의 내용은 타자에 의해 결정된다는 뜻이다. 반면 노예는 대상의 실정성[긍정성]과 주인의 부정성 사이에서 그가 매개자의 위치를 차지함으로써 그와 같은 욕망의 내용에 연결될 수 있다. 주인과 노예 사이의 관계가 노예와 대상 사이의 관계로 전치됨에 따라 노동이 발생하는 장소가 바로 여기다. 헤겔의 지적은 다음과 같다. 노예가 주인의 욕망에 부응하기 위해 현실과 마주쳐 일할 때 그의 노동은 노동 대상에 부정성을 각인시키고, 노예의 욕망이 갖는 부정성은 주인의 실정적[긍정적] 대상으로서라기보다 노예 자신의 노동 산물 가운데 부정적인 것으로서 나타난다는 것이다. 새로운 논리를 낳기 위한 필수적 계기는 예속과 공포에 있다고 헤겔이 강조했던 이유가 여기 있다. 노동을 노예의 인식을 위한 새로운 매개로 만드는 물질성 속에 인간의 긍정성이 있는 것이 아니다. 차라리 주인에 대한 노예의 소외, 예속은 노예로 하여금 그가 가공해야 할 자연에 완전히 복종하도록 만들었다. 주인에 대한 공포가 물질에 대한 "존중"으로 전환되는 절대적 복종이 그것이다. 바꿔 말해, 절대적 복종은 예속, 즉 자유의 대립물을 물질적 요소에 대한 지식으로 변환시킴으로써, 자유의 수단이 되었다.

요점은 다음과 같다. 변증법적 운동의 "해방적" 특징은 노예가 변화시키는 대상에 대해 "주인 노릇"을 함으로써 "그 자신의 주인"이 된다는 데 있지 않다. 결정적인 핵심은 외부 세계에 대한 노동의 상대적 장악은 노동자가 아니라 노동 자체를 대상의 주인으로 변형시킨다는 데 있다. 그리하여 노예가 욕망하는 존재로서의 자기 자신과 관계를 형성하기 위해 주인과 겪는 매개 과정은 이제 자신의 노동을 통해 달성된다. 달리 말하자면, 주인에 대한 노예의 소외는 "극복"되는 게 아니라 심화되며, 주인에 대한 통제 불가능성은 이제 노동 자체에 대한 통제 불가능성으로 바뀌는 것이다. 사태는 우리가 뜻하는 대로 이루어지지 않는다. 특정한 물질적 효과는 특정한 활동을 통해서만 생산되거나, 혹은 자연의 제약 조건을 존중함으로써만 생성되기 때문이다. 창조적이든 표현적이든, 노동은 우리가 생각하는 애초의 계획이나 직관을 벗어나게 마련이다. 다음과 같은 삼각형의 관계는 여전히 남는다. 욕망은 무엇인가에 대한 욕망, 욕망하기를 지속하려는 욕망, 그리고 이러한 긴장을 해소시킬 수 없는 욕망의 대상 사이에서 내적으로 나뉘어져 있다. 이 같은 욕망의 모순은 다시 둘로 분열된다. 주인은 욕망하는 욕망이 되고, 노예는 무엇인가에 대한 욕망이 되는데, 그 무엇인가는 주인을 기쁘게 하기 위해 영원한 변화에 놓이고 만다. 마침내 욕망은 이 두 계기를 잃어버리고 대상 자체로 이전됨으로써 우리는 대상을 변화시키는 노동을 갖게 되는 바, 이로써 대상은 현재적 규정성과는 다른 것으로 변용되어 욕망에 부합하는 대상이 된다. 이를 부정하지 않는 대상을 욕망하는 욕망의 주체는 더 이상 존재하지 않는다. 대신 우리는 노동에 복종하는 욕망으로서의 인간을 갖게 되는 바, 이는 타자성을 욕망하는 욕망과 자기 자신에 대해 타자가 되고자 하는 대상 사이의 관계를 매개하는 삼각형에서 능동적인 [세 번째] 극이 된다.

헤겔의 노동 이론이 부정성을 사물에 최대한으로 밀어 넣어 다른 것으로 변화시킬 수 있다 해도, 초기 마르크스의 휴머니즘적 노동 이론보다 존재론적 정도가 훨씬 덜한 그의 이론에 주의를 기울여야 하는 진짜 중요한 이유는 어디 있을까? 마르크스는 『경제학·철학 초고』에서 포이어바흐의 유적 존재의 이론을 소외되지 않은 노동의 능동적 형식으로 발전시켰다. 그는 노동의 범주를 일련의 상이한 기능들에 적용되는 조작자로 사용했다. (1) 노동 범주는 (소유 관계에 대립하여) 경제학 이론에 대한 지식의 유물론적 원칙을 제공한다. (2) 노동 범주는 (관념론적 본질주의에 대립하여) 자연에 대한 인간의 신진대사적 관계를 설명한다. (3) 노동 범주는 또한 (인간이 관계 맺기 위해서는 "제2의 본성"이 필요하다는 관념에 맞서서) 종으로서 인간이 맺는 서로에 대한 관계를 설명해 준다. "유적 존재"라는 개념은 자본주의적 사회 관계에 내재하는 소외에 대항하기 위한 체험적 원리로서 평가되어야 한다. 노동자가 자신의 생산물과 관계를 맺을 때 생산물은 우리의 계획을 동질적으로 반영한다. 인간 전체에 관계맺을 때 소유 관계는 우리를 우리의 활동과 생산으로부터, 그리고 우리들 서로에 대해서도 소외시킨다. 그래서 소외는 노동의 존재론으로서 외화에 대립한다. 그런데 헤겔의 관점에서는 그렇지 않다. 앞서 언급했듯, 노동의 생산물에 대해 "주인"이 되는 것은 노동자가 아니라 노동이다. 창조적 활동은 창조물과 창조자를 넘어서 우선권을 갖는다. 이런 의미에서 헤겔은 우리 자신의 생산물로부터 우리 자신을 끊임없이 인식하게 되는 소외받지 않은 노동의 천국, 즉 자본주의적 생산 관계 "너머"에 관한 환상을 몽땅 비워 버린다.

자본주의에서의 구체적 노동이나 추상적 노동과는 상이한, 노동 이론의 새로운 개요를 그리는 지난한 작업을 나는 제안하고자 한다. 자본에 의해 생산된 노동의 개념을 거부한다면, 노동에서 무엇이 남을까? "마르크스에서 헤겔로의 회귀"라는 가설을 제안하고 세공한 지젝의 논변을 뒤따라가면 알 수 있을까? 앞서 보았듯 노동에 대한 헤겔의 개념은 봉건적인 것도 아니고 자본주의적인 것도 아니다. 차라리 그는 노동의 개념을 발전시켜 존재론적 구조를 제시했다. 이는 사회 현상을 그저 반영하는 게 아니라 차라리 구성적 성격을 띤다. 소외가 노동에 구성적이라면, 이로써 무엇이 극복되는가?

헤겔의 "화해" 개념을 상기해 보자. 그것은 주체가 실체를 체현함으로써 흡수하는 과정이 아니다. 지젝이 보여 주었듯, 화해는 "두 가지 분리의 재배가再倍加", 즉 "실체로부터의 소외[분리]에서 주체는 그 자신으로부터 실체가 분리된 것임을 인식해야 한다."[46] 이것의 반대 명제는 정의로운 사회(사회주의, 공산주의)는 소외를 극복함으로써 성립하리라는 전망, 즉 사람들이 능동적 행위자로서 자신을 인식하게 되리라는 의미에서 휴머니즘적 마르크스주의자들이 전투적으로 주장하는 탈소외가 아니다.

우리는 헤겔과 더불어 소외를 권리로서 사유하고자 한다. 정확히 창조자가 자신의 창조물에 복속된다는 의미에서, 자기 자신의 생산물에 대한 통제를 상실하는 권리가 그것이다. 이는 소외나 소외를 낳는 사회 활동을 폐지해야 하는 문제보다 정치적 변혁을 위해 더 나은 지향점을 제공할 것이다. 소외된 실체적 내용을 주체가 재전유하는 것으로서 공산주의를 개념화하거나 이해해서는 안 된다는 지젝의 견고한 명제는 이렇게 받아들여져야 한다. 화해라는 관념이 다시 등장하는 것은 여기다. 공산주의(정의로운 사회)를 (소외된) 실체와 주체 사이의 화해로서 파악하려는 모든 시도를 우리는 명확히 거부해야 한다. 화해 자체는 상실의 수용이다. 헤겔은 정신을 운동으로 이해했다. 정신이란 "자신으로부터의 계속적 이행이자 자신에게서의 해방적 과정, 그 본성을 말한다. 이것이 존재, 곧 정신 자체의 실체성이다."[47] 따라서 정신은 재전유되어야 할 실체의 저장소가 아니다. 그것은 자신이 자신

46. Žižek, *Living in the End Times*, pp. 227~228.
47. Žižek, *Living in the End Times*, p. 230에서 재인용.

으로부터 해방되는 과정을 가리킨다.

주체성과 소외는 모두 근본적이기에, 전체 문제는 다음과 같이 압축될 수 있겠다. 자본주의에서 소외의 특수한 형식에 관련된 문제는 무엇인가? 이에 대한 하나의 답변은, 사회적 생산 조직의 자본주의적 형태에 있어서 우리가 소외로부터 소외되어 있음을 보여 주는 데 있다. 즉 소외 자체를 해방적인 경험으로 촉진시키는 물질적 토대가 없다는 것이다. 확실히, 그 같은 [해방적 경험으로서의 소외] 현상은 자본주의적 소외의 내용을 뒤흔들어 놓을 정도의 의미심장한 규모로 일어나지 않았다. 또 다른 [답변의] 방식은 레닌을 향하는 것이다. 그는 투쟁 의지가 곧 노동임을 알고 있었기 때문에, 그의 저작에는 이와 관련된 특수한 징후가 담겨 있다. 레닌의 "직업적 혁명가"라는 표현은 노동으로서의 투쟁 의지를 설명하는 "비자본주의적" 노동의 개념을 예고하는 징후였던 것이다. 이 같은 가설은 투쟁 의지가 곧 노동 형태라 주장함으로써, 우리로 하여금 자발적인 투쟁 의지 대 소외된 노동에 관한 논쟁을 뛰어넘게 해준다. 그것은 시간을 요구하고 규율을 필요로 하는 바, 투쟁적 의지와 자본주의적 노동 형태를 단순히 동일시하지는 않음으로써 생겨난다.

헤겔의 소외 개념을 노동 개념 일반의 전제에 포함시킴으로써 우리는 "비자본주의적" 노동 개념에 대해 분명히 말할 수 있게 되었다. 오늘날 우리가 맞닥뜨린 위기는 마르크스주의 노동 가치 이론에서 부정적 노동의 자리를 발견하지 못했기 때문에 생겨난 것이다.

///
요약

(결론을 내지 않고) 다시 시작하기 위하여[1]

각 장에 대한 개별적 독해의 가능한 결과들을 서술함으로써 이 책을 마무리하고자 한다. 아래는 이 책을 끝마치기 위해 더 이루어져야 할 작업에 대한 대강의 소묘이다. 순서대로 따라가 보자.

1. 오늘날 마르크스를 읽을 때 부딪히는 난제 중 하나는, 그의 정치경제학 비판이 갖는 타당성이나 동시대성에 대한 평가에 있기보다 독해 방법 자체의 역전으로부터 생겨난다. 마르크스를 역전적으로 읽는다는 것은 그가 자신의 비판자들, 곧 그의 분석이 우리 시대에는 적합하지 않다고 비판하

---

1. "resume"는 "요약"이라는 명사적 의미와 "재개하다"라는 동사적 의미를 모두 갖는다. 괄호 속의 첨언이 지시하듯, 세 저자는 책의 마지막 장에서 전체 내용을 요약·정리하기보다, 본문에서 제안된 이론적 진술들을 실천적으로 "다시 시작할 것"을 요청하고 있다. ─ 옮긴이.

는 자들에 대해 취할 법한 답변들을 통해 그를 다시 독해하는 것이다. 마르크스를 동시대화하여 읽는 것은 그의 근본적 테제 가운데 하나를 실현시키는 데 관련된다. 그것은 자본주의는 이미 전 지구적이며, 자본주의적 현실은 그 정점에 도달했다는 사실이다. 왜 그런가? 헤겔의 변증법적 운동에서 가장 근본적인 특징은 어떤 관념이 완전히 현실화되는 바로 그 순간에 정확히 (때로는 오직 그때만) 등장하는 한계 또는/그리고 비일관성을 가시화한다는 데 있다. 자본주의는 (가령 사회주의권과 같은) 외부의 어떠한 위협도 마주하지 않기에, 그러한 위협은 이제 자본주의 내부로부터, 즉 내적 모순에서 나타나게 된다. 따라서 다음과 같은 문제가 부상하는 것이다. 어떤 관념이 완전히 현행화될 때, 무슨 일이 벌어지는가?

다소 단순화시켜 이야기하자면, 객체 지향적 존재론은 인간이든 자연이든 그 무엇이든 대상이 발생하는 관계의 특수성에는 아랑곳하지 않은 채 대상의 자율성만을 유지하고 방어하려 든다. 인간의 선차성이 갖는 오판을 폭로하겠다는 전략이 그것이다. 그러나 마르크스주의적 독해가 보여 주듯, 객체 지향적 존재론에 주체를 위한 장소나 공간이 존재하지 않는 이유도 거기서 똑같이 성립한다. 이에 대해 객체 지향적 존재론은 [인간적 관점에 따른] 대상 구성의 바깥으로부터 교란이 일어날 때만 변화가 생길 수 있다고 주장한다. 이 이론의 문제점은 사물의 존재 형식에 대한 전근대적 관점으로 근대과학을 보충하거나 대체하려는 존재론적 전제에 있다. 어떤 이들은 근대 물리학(보편성의 남성적 측면)과 객체 지향적 존재론(비전체라는 여성적 측면) 사이의 차이를 드러내기 위해 라캉의 "성차 공식"을 채택하기도 한다. 후자에서 모든 사물은 동일한 존재론적 수준에 있는 대상으로서 실존한다. 그렇게 본다면 인간은 사물의 배치 가운데 여러 요소들 중 하나일 뿐이다. 그러나 객체 지향적 존재론은 너무 빨리 인간을 또 다른 주체와 동일시할 뿐만 아니라 인간을 [임의의] 주체 자체와 동일화해 버림으로써, 주체성에 내재한 비인간적 중핵마저 시야에서 놓치고 말았다(가령 헤겔과 정신분석, 심지어 데카르트도 그렇게 묘사한 바 있다). 객체 지향적 존재론에는 주체나 주체성을 위한 공간이 없다. 주체는 다른 여러 행위자들 가운데 그저 하나의 행위자가 아니다. 주체는 수동화의 결정적으로 중요한 제스처이다. 우리는 이를 이해함으로써 라캉의 가장 중요한 유산(주체는 구조에 구성적으로 포함되지만 동시에 배제된다는 것) 중 하나를 전도된 형태로 추구하는 객체 지향적 존재론의 마수에서 벗어날 수 있다. 이렇게 객체 지향적 존재론에 대한 마르크스주의적 독해는 현대 사상에서 데카르트적 요소(주체성)에 대한 필요성을 이끌어 낸다(아주 특수한 사례지만 라캉도 확실히 데카르트주의자였다). 이에 대해서는 마르크스도 완전히 통찰을 같이할 것이다.

하지만 대상과 주체의 매개에 대한 헤겔-라캉주의적 답변은 훨씬 더 적절하게 들린다. 이러한 긴장은 다양한 수준들에서 해소될 것인 바, 대상 그 자체는 접근 불가능한 것으로 남는다. 그것을 포착하고 정위定位시키며 장악하려는 모든 시도는 어떤 이율배반 속에 끝나고 말 듯하다. 대상은 인식론적 장애물을 걷어 냄으로써가 아니라 그 장애물을 통해 통찰함으로써만 파악될 수 있기 때문이다.

2. 플라톤의 동굴 알레고리의 연장선에서 자본주의 경제학에 대한 구성적 요소로서의 환원을 마르크스는 어떻게 분석했을까? 이에 대한 독해는 우리로 하여금 놀랄 만한 결과들과 마주하게 만든다.

과거에 역사의 주체로 가정된 것뿐만 아니라 동굴 체계의 그림자적 생산물이 그것들이다. 게다가 이는 동굴에서 탈출한다는 것, 즉 해방의 근본적 문제가 무엇을 의미하느냐는 질문을 복잡하게 엉클어 놓는다. 왜 이것이 문제인가? 플라톤의 알레고리에 대해 하이데거는 "상이한 체류지들"[2]을 구별해 놓았던 바, 알레고리의 다양한 주체들은 그 구별에 따라 해방을 향한 도정을 걸어야 한다. 첫 번째 부류는 동굴에 사슬로 결박된 채 살아가는 자들이다. 문제는 그들을 묶은 사슬이 제거되었을 때 일어나는데, "어떤 의미에서 수인들은 이제 자유롭"게 되었으나[3] 그럼에도 불구하고 그들은 그림자에 고착되어 버렸기 때문이다. 그들이 [동굴 속에서] "그림자만을 대할 때 [이미] 그림자에 의해 시선이 구속되어 있었던"[4] 탓이다. 그럼 수인들은 어떻게 이렇게 기이한 리비도적 고착으로부터 벗어나게 되었을까? 사건은 어떤 수인이 "동굴 바깥으로 나서게 되"[5]었을 때, 밖으로 내몰렸을 때 비로소 일어난다. 이는 정신분석에서 주인이 (리비도적이지만 또한 인식론적이고 정치적이며 어떤 의미에서는 존재론적인) 기능을 수행하는 장소임을 지시한다. 주인은 내게 무엇을 하라든지, 혹은 내가 누구의 도구가 될 수 있다든지 등에 대해 답

---

2. Martin Heidegger, "Plato's Doctrine of Truth," in *Pathmarks* (Cambridge: Cambridge University Press 1998), p. 168 [「플라톤의 진리론」, 『이정표 1』, 신상희 옮김, 한길사, 2005, 296쪽].

3. Heidegger, "Plato's Doctrine of Truth," p. 168 [「플라톤의 진리론」, 297쪽].

4. Heidegger, "Plato's Doctrine of Truth," p. 169 [「플라톤의 진리론」, 297쪽].

5. Heidegger, "Plato's Doctrine of Truth," p. 169 [「플라톤의 진리론」, 298쪽].

하는 자가 아니다. 그는 이렇게 말한다. "당신은 할 수 있다! 무엇을? 불가능한 것을!"[6] 우리를 사정없이 몰아치면서 주인은 "당신을 당신 자신에게로 되돌려주는"[7] 자이며, "당신이 당신 자신이게끔"[8] 만들어 주는 자다. 이는 해방이 플라톤의 상기론想起論과 내재적으로 연결되어 있음을 명확히 보여 준다. 우리는 우리가 결코 (의식적으로) 알지 못했던 것을 기억해야 한다.[9] 주인은 내게 "이것이" 무엇인지, 혹은 "나는" 누구인지 알려 주지 않은 채, "나는 이것을 할 수 있다"고 확신하게 만드는 자다. 이렇듯 정신분석에 대한 참조는 문제를 더욱 복합적으로 만든다. 수인들은 피분석자의 입장에 있다는 뜻인가? 만약 그렇다면, (정신분석에서) 피분석자는 구성적으로 자원자라는 기본적 사실을 떠올려 봐야지 않을까?[10] 동굴 밖으로 나가도록 강제된 자원자라는 생각이 어떻게 가

---

6. Slavoj Žižek, *Lenin 2017. Remembering, Repeating, Working Through* (New York: Verso 2017), p. lxii.

7. Žižek, *Lenin 2017*, p. lxii.

8. Friedrich Nietzsche, *Ecce Homo. How to Become What you Are* (Oxford: Oxford University Press 2007)을 보라.

9. Frank Ruda, *For Badiou: Idealism without Idealism* (Evanston: Northwestern University Press 2015), pp. 115ff.

10. Alain Badiou, *Lacan. L'Antiphilosophie 3* (1994~1995) (Paris: Fayard 2013), p. 101.

능할까?[11] 이에 답하려면 우리는 주인과 자원자의 변증법을 풀어 내야 한다. 이는 변증법임에 틀림없다. 왜냐하면 주인은 자원자들을 그들이 이전에 있던 자리에서 해방시킴으로써, 일정 정도는 그들을 자원자로 구성해 놓았기 때문이다. 이로써 그들은 자발적으로 주인의 명령을 따르게 되었고, 궁극적으로는 주인이 필요없게 되어 버렸다.[12] 실제로 자본주의 자체는 구조적으로 "자발적인" 노동, 즉 대가를 지불하지 않은 노동에 막대하게 의지하고 있지 않은가? 어느 경우든 주인과 [진정한] "주인" 만큼이나 자원자와 [진정한] "자원자"가 있게 마련이다. 이들은 구별되어야 한다. 왜냐하면 우리를 속박하는 그림자를 생산하는 "자발적" 노동은 자본주의의 것인 탓이다. 따라서 우리는 상이한 종류의 자발성을 고안해야 하고, 다른 종류의 주인을 요구해야 한다. 마르크스를 읽기 위해 (또 아마도 마르크스에 대한 읽기로부터도) 주인과 자원자의 변증법은 지속되어야 한다.

11. 숙명론의 해방적 잠재성에 대해 생각해 보면, 한 가지 가능한 답변이 나올 법하다. Frank Ruda, *Abolishing Freedom: A Plea for a Contemporary Use of Fatalism* (Lincoln: Nebraska University Press 2016)을 참조하라.
12. 너무 안정화된 생활 관습의 형성을 저지하기 위해서는, 그 같은 해방 과정이 아마 계속적으로 반복되어야 할 것이다.

3. 마르크스와 헤겔을 결합해서 읽으려는 관점에서 볼 때, 여기에는 대단히 심화된 차원이 있다. 마르크스의 사상과 관련하여 주인과 노예의 변증법은 잘 알려진 차원이다. 어쩌면 이것이 우리 시대에 마르크스를 재구성하는 기둥의 하나일지 모른다.

우리의 목적은 『논리학』에 대해 『정신현상학』을 특권화함으로써 (마르크스로부터) 헤겔로 돌아가는 데 있지 않다. 차라리 우리는 마르크스를 헤겔적 견지에서 읽고자 한다. 달리 말해, 만약 헤겔이 마르크스의 『자본』을 읽었다면 무엇에 대해 쓰려 했을까? 마르크스주의적이든 그렇지 않든, 철학자들 사이에는 어떤 합의 비슷한 게 있는 듯하다. 그것은 마르크스가 헤겔과 대결을 벌인 이후에야, 특히 『논리학』과 맞붙은 연후에야 『자본』이 집필 가능했다는 것이다. 엥겔스에게 보낸 많은 편지들을 보면, 마르크스 자신이 이를 인정했다고도 한다. 그 중에서도, 가령 그는 이윤에 대한 이론이 헤겔의 『논리학』에 입각하여 재정식화되어야 한다고 말했다.

그런데 20세기의 많은 마르크스주의 철학자들은 마르크스가 고유한 자기 사상의 창설자라는 점을 보지 않은 채, 마르크스의 정치경제학 비판에 더 잘 어울리는 철학자로서 스피노자를 호출하곤 했다. 마르크스주의에서 가장 영웅적인 반헤겔주의 철학자였던 루이 알튀세르에 따르면, 스피노자는 마르크스의 진정 천재적인 선구자였다.

주인과 노예의 변증법으로 돌아가 보자. 헤겔의 노동 이론은 포이어바흐에 대한 초기 마르크스의 비판에 분명한 영향을 끼쳤다. 하지만 흥미로운 점은 따로 있다. 마르크스는 포이어바흐로부터 유적 생명의 이론을 빌려 왔지만, 그것이 활성화된 것은 사물 형성적 활동을 다룬 헤겔의 노동 이론으로 돌아갔을 때 벌어졌던 것이다. 하지만 "노동자주의"의 좌파 이데올로기적 개념이 마르크스 자신이 제안했던 헤겔에 대한 "거친" 독해에 기초해 있었던 점은 문제적이다.

헤겔은 (후일 루카치가 주장했듯) 노동이 "목적론적 활동"이라고 주장한 적이 없었기 때문이다. 루카치에 따르면 자본주의 생산의 경제적 총체성에서 모든 생산 행위는 "목적론적 노동의 종합"을 제시하지만, "종합이라는 점에서" 모든 생산 행위는 "그 자체로 목적론적이고 실천적인 행위"[13]가 된다. 이에 따라 루카치는 노동의 목적론이야말로 마르크스주의의 중핵을 이해할 뿐만 아니라 세계 자체를 개념화하고 변증법적으로 파악하는 열쇠라고 보았다. 그에게 노동 해방은 실

13. György Lukács, *History and Class Consciousness* (Cambridge, MA: MIT Press 1972), p. xx.

천의 기원적 형태로의 회귀와 연관될 수밖에 없었다. 해방은 지속적인 자기 창조의 과정이어야 하고, 만년에 그가 사회적 존재의 존재론이라 불렀던 환경에 대한 의식적 연관이 되어야 했다. 수단과 목적의 관계를 전도시킴으로써 기성의 관계를 전복해야 한다는 것이다.

하지만 이 책의 3장에서 세밀히 논의된 것처럼, 헤겔에게 노동은 부정성을 각인하는 활동("외재화"라기보다는 이화[離化]로서)일 따름이다.[14] 그러므로 노동자는 자신이 무엇을 하는지

14. 헤겔의 철학에서 외화Entaußerung, externalization는 정신이 자기 자신으로부터 소외됨으로써 거꾸로 객관성을 획득하게 되는 분리와 발전의 순간을 가리킨다. 따라서 자기로부터의 소외는 순전히 부정적인 것이라기보다 새로운 진전을 위한 필수적 계기로 간주된다. 그러나 휴머니즘적 마르크스주의 전통은 소외Entfremdung, alienation를 자본주의적 현실 속에서 노동자가 자기의 생산품으로부터 외면당하는 현상으로 바라보는 경향이 강했고, 이에 따라 소외를 극복의 대상으로만 간주하는 정식을 제출하곤 했다. 세 번째 글의 저자인 함자는 전통적 마르크스주의적 관점의 소외를 뒤집어, 헤겔적 관점에서 재해석함으로써 소외의 다른 측면 곧 부정성을 통한 생산성을 찾아내려 한다. 소외는 외화의 피상적 측면인 외재화exteriorization, 바깥에 있음만이 아니라 즉자적인 자기 자신과의 분리라는 측면에서 단순한 소외를 넘어서 스스로에 대한 낯설게 하기 즉 이화estrangement를 위한 과정으로 파악되어야 한다는 것이다. 이런 논리를 이해한다면, 함자의 주장이 어떤 식으로 전개되는지 파악하는 데 크게 어렵지 않을 것이다. 본문에서 그는 이 과정들을 전개하기 위해 다양한 유사어들을 사용하였는데, 실상 헤겔의 영어 번역에서 "외화"는 "externalization"과 "exteriorization"의 어느 쪽으로도 옮겨질 수 있으며, "소외" 역시 "alienation"과 "estrangement"로 교환 가능한 번역어이다. 내용적 차이를 고려하여 여기서는 "이화"로 옮겨 보았다. 주지하다시피 그것은 마르크스의 소외 개념을 적극적으로 전유하고자 했던 브레히트의 "Verfremdung"에 대한 번역어이기도 하다. ― 옮긴이 주.

알고 있다든지, 사적 소유로 인해 자신의 생산물로부터 소외되는 자라는 식의 생각은 헤겔과는 거리가 먼 입장이다.

헤겔의 시점에서 마르크스를 읽기 위해서는, 노동을 통해 이화를 식별할 수 있는 공간을 노동 이론이 열어야 한다. 그로써 우리는 정치경제학 비판과 당黨 정치 비판 및 군사주의 비판 등에 새로운 관점을 도입할 수 있을 것이다. 지금 우리는 철학적 꼼수나 지엽말단적 세부 등을 다루는 게 아니다. 마르크스의 저작에서 부정성이 만드는 적합한 각인은 철학 및 정치의 결과들에 멀리까지 영향력을 끼칠 것이다.

이 책에서 제안된 철학적 독해는 플라톤과 데카르트, 헤겔이라는 가장 중요한 세 명의 철학자들과 마르크스(와 마르크스주의 전통) 사이의 단락短絡을 생산적으로 구성할 수 있는 방안을 내놓을 때 제대로 구현될 수 있다. 자본주의라는 동굴 속의 플라톤적 마르크스, 적들에 맞서 주체성을 옹호하는 데카르트적 마르크스, 노동의 근본적 요소로서 자기 관계적 부정성을 사유하는 헤겔적 마르크스를 떠올려 보라. 이는 분명 새로운 교조를 향한 길은 아닐 듯하다. 오히려 그것은 뜻밖의 재회로, 너무나 뜻밖이어서 최초의 마주침과 우연스럽게도 일치해 버리는 그런 만남으로 우리를 이끌어 갈지 모른다. 우리가 무엇인가 새로운 것을 만드는 순간은, 언제나는 아니어도 때때로 예기치 못한 마주침으로부터 비롯되는 까닭이다.